DANGERS SUR LE FLEUVE ROUGE

Castor Poche
Collection animée par
François Faucher, Hélène Wadowski,
Martine Lang, et Cécile Fourquier

Une production de l'Atelier du Père Castor

BERTRAND SOLET

DANGERS SUR LE FLEUVE ROUGE

Illustrations de
MARCELINO TRUONG

Castor Poche Flammarion

Bertrand Solet

L'auteur est né à Paris en 1933. Après avoir fait des études de cinéma, puis d'économie, il a été de longues années responsable d'un sevice de documentation économico-commercial. Il a également beaucoup voyagé.

Marié, père de famille et sept fois grand-père, Bertrand Solet a publié une cinquantaine d'ouvrages pour la jeunesse, des romans historiques en particulier, mais aussi des romans se déroulant à l'époque actuelle, et obtenu de nombreux prix.

Du même auteur, en Castor Poche:
La flûte tsigane, n°40 ;
Diatorix et Marcus, n°257,
Debout Cosaques, n°270,
Deux espions à Fécamp, n°384,
Le roi du carnaval, n°436,
Les révoltés de Saint-Domingue, n°480,
Espion en Égypte, n°536,
Le combat du berger, n°549.

Marcelino Truong

L'illustrateur est eurasien, il est né en 1957 à Manille (capitale des Philippines) d'un père vietnamien et d'une mère française. Il passe une enfance voyageuse au Viêt-nam, aux États-Unis et en Angleterre. Après Sciences po, l'agrégation d'anglais et d'innombrables petits métiers, à vingt-cinq ans, il choisit la vie d'artiste. Il a appris le métier d'illustrateur sur le tas, en multipliant les collaborations dans la presse, l'édition et la publicité. Marcelino Truong a illustré de nombreux livres pour la jeunesse chez différents éditeurs ainsi qu'une bande dessinée sur le Viêt-nam des années vingt.

Il se consacre aussi à la peinture avec un thème de prédilection, le Viêt-nam, où il se rend régulièrement. Il vit à Paris, avec sa femme et ses deux filles qui montrent déjà d'évidentes dispositions pour le dessin.

Note

Ces aventures se déroulent en 1883-1884 au Tonkin (région nord du Viêt-nam), qui faisait partie de l'Empire vietnamien, appelé alors royaume d'Annam par les Occidentaux.

Des soldats chinois, les Pavillons-Noirs, y étaient installés en nombre, et, de leur côté, les Français avaient entrepris la conquête de cette région. Ils occupaient déjà Hanoi depuis 1882.

Chapitre I

Un coup de canon réveilla Khiêm ; il ouvrit les yeux sans comprendre de quoi il s'agissait. Il bâilla, se dressa avec un soupir sur la natte qui lui servait de couche et se dirigea vers l'entrée de la paillote, l'esprit encore embrumé.

Les enfants dormaient toujours, mais aucun adulte ne se trouvait plus dans la maison…

Dehors, Khiêm s'accroupit près de la porte, regarda les arbres et la clôture de bambous ; d'après la position du soleil, le jour naissait à peine. Le jeune garçon fixa machinalement le banc au fond du jardin où s'asseyait d'habitude grand-mère, en revenant de l'étang où elle allait se baigner. Son image parut un instant devant ses yeux, une silhouette frêle en robe noire, peignant longuement ses cheveux, attendant qu'ils sèchent avant de les enrouler en turban autour de sa tête. Khiêm revit le peigne d'écaille, le mouvement lent du bras, le visage au doux sourire, puis plus rien ; grand-mère n'était pas là… Pourquoi ? Tout de suite, il pensa avec soulagement qu'elle se trouvait au marché, partie avant l'aube.

Encore un bruit sourd dans le lointain. Celui-là fit tressaillir Khiêm, qui sauta sur ses pieds, s'élança en direction des autres maisons du village. Bientôt il rencontra des groupes qui se dirigeaient en hâte vers la pagode du génie protecteur. Les chiens aboyaient, les porcs noirs au ventre à ras de terre fuyaient de tous côtés.

— Que se passe-t-il ? demanda Khiêm en criant.

Les hommes ne lui répondirent pas, trop pressés pour cela, mais le garçon entendit la voix d'Anh, la voisine, son amie :

— Les guetteurs disent que les Français reviennent.

Khiêm en eut le cœur serré. Au temps de la mousson d'été, lorsque les vents soufflent de la mer, des bateaux en fer avaient remonté le fleuve, venant de Hanoi, accompagnés de soldats marchant sur la berge. Des Pavillons-Noirs étaient allés à leur rencontre pour des combats sanglants, loin du village, heureusement. Et puis les génies s'étaient fâchés, la pluie avait gonflé le Sông Kôi, qui avait débordé, rompant les digues, noyant bien des envahisseurs... Les Pavillons-Noirs étaient repartis vers la ville proche de Sôn Tay où se trouvaient leur chef, le seigneur Luu, et ses éléphants de guerre. Et voilà que les Diables blancs se manifestaient à nouveau.

Sur le terre-plein, entre la pagode où s'élevait la statue en bois du protecteur et la porte principale du village surmontée de sa tourelle de guet, les gens se rassemblaient. Les guetteurs haut perchés répétaient qu'un bateau en fer croisait au loin; il avançait et tirait sur les bandes de Pavillons-Noirs qui sillonnaient la campagne. Les cornes d'appel annonçaient la nouvelle de village en village.

— J'ai peur, dit Anh.

Khiêm allait répondre, mais son père l'interpella au même instant. Il se trouvait là, lui aussi.

— Tu vas m'accompagner.

Le garçon acquiesça, sans demander aucune précision, car on ne discute pas lorsque le père commande ; mais l'homme expliqua de lui-même, l'air soucieux :

— Grand-mère n'est pas revenue du marché, d'autres villageois, oui. Les Pavillons-Noirs ont fait peur à tout le monde, paraît-il. Nous allons essayer de la retrouver.

— C'est dangereux, dit un voisin.

— Je ne peux agir autrement.

Pham, le père de Khiêm, franchit la porte en bambou à peine entrouverte et bien gardée. Le village des Dix mille bonheurs, comme les autres villages importants de la région, était clos d'une enceinte quasi infranchissable, composée d'un large fossé plein d'eau, lui-même bordé d'une haie épaisse de bambous et d'épineux.

Dehors s'étendaient les rizières à perte de vue. Le marché, lui, se tenait au bord du fleuve, assez éloigné, derrière des bosquets d'arbres.

Pham marchait à pas pressés sur la digue étroite délimitant les champs ; Khiêm le suivait, inquiet au sujet de sa grand-mère, mais songeant aussi qu'il n'avait rien mangé ce matin-là, sauf un fruit, surgi par miracle dans la main de son amie Anh, juste comme il s'en allait.

Ils arrivèrent bientôt sur un terre-plein où se dressaient quelques toits de paille montés sur quatre pieux. Le marché était désert, des traces nombreuses indiquaient un départ précipité des marchands – nattes et paniers abandonnés, renversés, fruits et légumes traînant par terre.

— Que s'est-il passé ? murmura le garçon.

— Nos gens disent que les Pavillons-Noirs étaient très excités. Je ne sais rien d'autre.

Comme les rizières et les chemins, le fleuve était vide, la canonnière française restait invisible. Khiêm se souvint un instant du temps proche où le Sông Kôi – le fleuve Rouge – était parcouru de jonques, de sampans et de radeaux en grand nombre, porteurs de poissons, de soies, de bois durs coupés dans les montagnes du côté de la Chine...

— Grand-mère s'est enfuie avec les autres, elle est peut-être déjà rentrée, dit-il.

— Nous l'aurions rencontrée.

Ils mangèrent tous deux des fruits qu'ils avaient ramassés, ne sachant que faire, de quel côté diriger leurs recherches.

Ils allaient repartir, retourner au village, lorsqu'un sampan parut sur les eaux du fleuve, une barque plate à une seule voile, aux extrémités relevées, recouverte au centre d'un toit rond très bas, sous lequel on ne pouvait se tenir qu'accroupi. Khiêm reconnut le rameur, Ky, le chef d'une petite troupe de saltimbanques qui présentait des spectacles dans toute la région, un homme robuste et rieur, toujours en train de chanter. Et justement, sans se soucier ni des Français ni des Pavillons-Noirs, seul sur le fleuve, Ky chantait :

Yoo ta, Yoo ta,
Frères, courage, ramez avec force,
Quand nous serons au milieu du courant,
Nous lèverons les avirons.

— Il n'a peur de rien, dit Pham, plein d'admiration.

— Il vient droit sur nous, ajouta Khiêm.

En effet, la barque approchait ; Ky n'était pas seul à bord. Deux de ses compagnons se montrèrent, Lê, un colosse presque muet, connu pour être un joueur capable de perdre jusqu'à sa chemise, et puis Hô, le prestidigitateur, qui savait aussi avaler les sabres, et qui jouait les rôles de femmes dans les pièces de théâtre. Hô avait une particularité : contrairement à Ky, il voyait tout en noir et pensait que chaque chose allait obligatoirement mal tourner.

La barque aborda, Ky sauta sur le sable.

— Que faites-vous là, mes amis ? demanda-t-il. Le temps n'est pas à la promenade.

— J'allais le dire, dit Pham.

Il expliqua la raison de sa présence, la disparition de la grand-mère.

— Nous n'allons pas vers des jours joyeux, dit Hô, le visage sombre. On admire le soleil, et voilà les nuages.

Ky se grattait la tête ; il ajouta :

— Pour la grand-mère, je ne sais rien, mon ami Pham, mais ne traîne pas dans les parages, les Français vont arriver. Nous-mêmes allons nous mettre à l'abri.

— À l'abri ? Comment en être sûr ? reprit Hô… Quand la pluie tombe, on se réfugie sous un arbre, mais voilà que la foudre le frappe.

Ky haussa les épaules. Il fit une courbette rapide en guise d'au revoir et repartit sur son bateau avec les siens. Ne pouvant s'en empêcher, il entonna une nouvelle chanson de circonstance :

La vieille va au marché
Cahin-caha, tombe la pluie
L'eau glisse sur son dos voûté
Elle va comme l'écrevisse de mer
Cahin-caha, tombe la pluie.

Pham et Khiêm regardèrent la barque disparaître au coude du fleuve. Ils allaient repartir, eux aussi, préoccupés et silencieux.

C'est alors qu'ils aperçurent les Pavillons-Noirs. Impossible de leur échapper.

Ils étaient une quinzaine, surgis en un instant de derrière les arbres, inquiétants, vêtus de noir, ceinture bleue, le chapeau de paille sur la tête, armés jusqu'aux dents de sabres et de fusils Winchester.

— Qui êtes-vous ? demanda leur chef d'une voix rude.

Pham leur fit un grand salut, mains jointes devant la poitrine, élevées ensuite jusqu'au front.

— Nous sommes du village des Dix mille bonheurs, de simples paysans.

Le chef fit la grimace. Il devait recruter des soldats, de gré, de force, ou par ruse. Alors il répliqua :

— Moi, je dis que vous êtes des espions des Français et qu'on va vous couper la tête !

Déjà un Pavillon-Noir, un géant à longues moustaches, tirait de sa ceinture un sabre large et lourd. Khiêm sentit l'épouvante le gagner. À ses côtés, son père non plus n'en menait pas large.

Ce fut pis encore lorsque le géant avança et leva son arme. Khiêm allait

hurler, mais le chef des soldats éclata brusquement d'un grand rire :

— C'est bon, je vous épargne. Venez avec nous à Sôn Tay, nous avons besoin de combattants et vous semblez solides...

Pham essaya de répéter qu'il n'était qu'un simple paysan, alors le Pavillon-Noir lui demanda s'il préférait le sabre. Pham baissa la tête en soupirant.

Chapitre 2

Les trois saltimbanques avaient caché leur barque au bord du fleuve, dans la verdure, et coupaient à travers champs en direction de la chaussée qui reliait Hanoi à Sôn Tay. L'eau des rizières leur venait parfois jusqu'aux cuisses, il faisait un temps gris d'hiver, mais cela ne les empêchait pas de discuter entre eux avec vivacité :

— Quel malheur, disait Hô, d'un côté, il y a des pirates, des bandits, qui nous guettent sur l'eau et sur les chemins. Ils sont partout. De l'autre, il y a les Pavillons-Noirs. Eux aussi nous rançonnent et nous pillent. Et puis, ce sont des Chinois, des « queues de rat ».

— Remarque, ajouta Ky, ils nous défendent contre les Français. Des fois, je me demande s'ils ne valent pas mieux que ceux qui nous gouvernent, nos fonctionnaires de province, les mandarins.

— Ceux-là parlent au nom du roi d'Annam, approuva Hô, mais c'est seulement pour nous faire payer des impôts ou pour ordonner qu'on nous donne des coups de bâton. Ça, ils savent le faire !

Lê, le troisième saltimbanque, se taisait. Peut-être n'entendait-il même pas ce que disaient ses compagnons.

Tout en parlant, le groupe arriva sur le chemin menant à Sôn Tay. D'habitude, comme sur le fleuve, beaucoup de monde passait par là. Il en était autrement aujourd'hui. Seuls quelques groupes de paysans se hâtaient, n'osant rester chez eux, fuyant devant l'avance des troupes françaises. Quelques bonzes aussi, des prêtres de la religion de Bouddha.

Au bord du chemin se dressaient des échoppes, des gargotes où l'on servait à boire et à manger aux voyageurs. Beaucoup étaient abandonnées. Pourtant, c'est vers l'une d'entre elles que se dirigea Ky.

À ce moment, il y eut de l'agitation sur la chaussée. Un palanquin parut, porté à bras d'hommes. Il devait conduire à l'abri, au loin, un riche mandarin, puisque suivaient des porteurs de parasols, d'éventails, de piques, sans parler des serviteurs chargés de bagages.

— Faites place ! criaient des gardes menaçants.

Les paysans s'écartèrent en hâte, le palanquin s'éloigna, disparut.

— D'après le nombre de parasols, dit Ky, c'est un fonctionnaire important, il doit porter au moins un bouton bleu foncé sur sa coiffure* et garder les ongles longs pour bien montrer qu'il ne travaille jamais.

— Ses ongles longs doivent aussi l'empêcher de tenir une arme.

* L'importance d'un mandarin se mesurait à la couleur de son insigne : rouge corail, bleu foncé, bleu clair, blanc…

— Je ne te le fais pas dire, Hô, ce n'est pas lui qui nous défendra.

Sous l'auvent de l'échoppe, un homme vendait du thé et du choum-choum, une eau-de-vie de riz de basse qualité.

— Attendez-moi là, commanda Ky, et buvez à ma santé.

Lui-même souleva la natte qui servait de porte et entra à l'intérieur de la boutique. Celle-ci était presque vide, débarrassée de la plupart de ses marchandises. Un seul occupant se tenait au centre de la pièce, accroupi, buvant du thé. Un petit homme d'aspect insignifiant, au visage tranquille.

Le saltimbanque salua et se présenta. L'autre répondit au salut et l'invita à prendre place devant lui :

— Veux-tu une tasse de thé ? demanda-t-il.

Ky accepta et s'installa.

Ils burent tous les deux le liquide odorant et brûlant. Lorsqu'il eut terminé, Ky reposa sa tasse, mais à l'envers. Le petit homme se gratta le nez, Ky se pinça l'oreille droite, l'autre fit mine de chasser une mouche imaginaire sur son front, Ky l'imita.

Alors seulement l'homme eut un large sourire.

— Frère Ky, dit-il, je suis heureux de faire ta connaissance. Je croyais que tu ne viendrais pas.

— Justement, frère, puisque les heures sont graves, je voulais avoir tes ordres pour agir.

— Je n'ai pas grand-chose à te dire. Il va y avoir de grandes batailles, je crois que les Diables blancs les gagneront, et nous ne devrons compter que sur nous-mêmes pour retrouver notre liberté. Plus nous serons nombreux et mieux nous pourrons agir dans ce sens. Il te faut recruter des amis sûrs dans notre Société secrète. Tu comprends ?

Le saltimbanque hochait la tête sans arrêt pour bien montrer l'importance qu'il attachait aux paroles de son interlocuteur, dont le visage s'était métamorphosé. Les yeux brillant d'une lueur énergique et décidée, l'homme dit qu'avant de se battre il fallait s'organiser, sans oublier de veiller sur les adhérents de la Société : que les malades aient de quoi se nourrir, et les vieillards un bon cercueil le jour de leur mort…

Ayant fini de parler, il se leva prestement et se dirigea vers un coin de la pièce. Là, il écarta une natte posée sur le sol et tira sur un bambou faisant partie du plancher. Après l'avoir fait pivoter légèrement, il sortit de la cachette ainsi découverte une liasse de papiers fins découpés en carrés, couverts de caractères peints à l'encre noire.

— Tiens, dit-il, prends ces amulettes. Chacun de nos compagnons devra en brûler une et en avaler les cendres avec un liquide. Cela lui donnera la force et le courage.

Ky remercia, cacha les feuilles précieuses dans ses vêtements. Les deux hommes prirent ensuite congé l'un de l'autre, se traitant de frère, avec force courbettes et salutations.

Le saltimbanque se retrouva dehors. Ses compagnons avaient bu leur alcool, et Lê, le colosse taciturne, faisait grise mine. Il avait joué avec le vendeur au jeu de la main fermée contenant des piécettes en nombre pair ou impair, et perdu, comme le plus souvent.

— Il n'a plus la moindre sapèque*, annonça Hô, écœuré. Et quand la poche est vide, le ventre ne peut pas se remplir...

Ky haussa les épaules, Lê était décidément incorrigible. Ils repartirent tous les trois.

Sur le chemin, les passants s'étaient encore raréfiés ; lorsqu'ils arrivèrent au bord du fleuve, ils entendirent à nouveau le son lointain du canon.

La voile dressée, le sampan glissa sur les eaux. Ky guidait sa course de la rame.

— Où allons-nous ? demanda Hô.

— À Sôn Tay. Guerre ou pas, il nous faut gagner notre vie. Les Pavillons-Noirs aiment nos pantomimes et nos jeux d'adresse, et nos musiciens nous attendent.

* Sapèque : pièce de monnaie de très faible valeur.

Hô fit la grimace. Ayant répondu, Ky se mit à chanter, effrayant les multiples oiseaux sauvages jusqu'alors tranquillement installés dans la végétation, hérons, ibis, canards, sarcelles :

Yoo ta, Yoo ta,
Frères, courage, ramez avec force,
Ramez jusqu'au détour du fleuve...

Chapitre 3

En chemin, Khiêm et Pham avaient rencontré d'autres groupes de Pavillons-Noirs, menant d'autres paysans des environs, enrôlés comme eux. Ils marchaient vite, ne faisant que peu de haltes. Un vent sec, celui qui fendille le bois et fait éclater les bambous, chassait les nuages, dégageant ainsi, au loin sur la gauche, les sommets dentelés des montagnes. Khiêm n'avait pas le loisir de beaucoup penser au village, à la grand-mère disparue, à son amie Anh. De temps à autre, Pham lui glissait à l'oreille d'un ton préoccupé :

— Comme ta mère doit s'inquiéter… Et qui s'occupera du travail des champs ?

À la fin, ils arrivèrent aux environs de la ville de Sôn Tay. Là, Khiêm vit des choses inimaginables et grandioses : Sôn Tay était entourée de hameaux, de villages, que le seigneur Luu, le grand chef des Pavillons-Noirs, avait fait fortifier de façon formidable ; partout, en ligne continue, des fossés, des enceintes hautes, des étendues de bambous plantés, infranchissables. La digue, elle-même, qui protégeait la ville des crues du fleuve, avait été transformée en muraille de forteresse armée de canons…

Jamais Khiêm n'avait vu tant de soldats, de villageois, de montagnards venus du nord, mais surtout de Pavillons-Noirs, en masse, avec leurs étendards portant en lettres blanches des devises comme : « Mort à l'étranger », « Vaincre ou mourir ». Le jeune garçon en était impressionné ; il savait que, jadis, ces mêmes Pavillons-Noirs avaient organisé dans leur pays une immense révolte populaire contre les empereurs mandchous ; vaincus, ils s'étaient réfugiés au Tonkin et au Laos, mais sans rien perdre de leur ardeur guerrière.

Les fortifications franchies, Pham et Khiêm se trouvèrent devant la ville de Sôn Tay proprement dite. Celle-ci était entourée d'une enceinte crénelée en brique, de quatre à cinq mètres de haut, précédée d'un fossé empli d'eau et d'une large haie de bambous. Quatre portes, creusées dans la muraille et surmontées d'un toit, permettaient de pénétrer à l'intérieur.

— Vous deux, décida un chef chinois d'un grade plus élevé que celui qui les avait capturés, vous aiderez au transport des munitions...

Les soldats les laissèrent d'abord se reposer, voyant leur état de fatigue ; Pham et Khiêm eurent même droit à une ration de riz. Le travail pour eux ne commencerait que le lendemain matin.

Lorsque la nuit tomba, ils étaient une cinquantaine allongés en plein air, à même le sol, au pied d'une pagode consacrée au culte du Dragon bleu bienveillant, surveillés par deux ou trois sentinelles seulement.

Khiêm essayait de dormir, la tête pleine d'images inhabituelles et inquiétantes. Soudain, il sentit une main secouer son épaule, tandis que la voix de son père chuchotait à son oreille :

— Suis-moi, en silence surtout.

La sentinelle la plus proche était accroupie non loin d'eux, le fusil à la main, tête baissée. L'homme devait être fatigué, lui aussi. Toujours est-il qu'il ne bougea pas lorsque Pham et Khiêm se dressèrent et commencèrent à reculer doucement, prenant bien soin de ne pas déranger les paysans allongés autour d'eux, et dont aucun ne fit le moindre mouvement.

La fuite se déroula le plus facilement du monde. Arrivés au coin de la façade, hors de vue des sentinelles, Pham et Khiêm se mirent à courir à travers les ruelles désertes bordées de paillotes.

Lorsqu'ils s'arrêtèrent pour reprendre leur souffle, Pham expliqua à son fils :

— Ils nous ont amenés de force, alors nous retournons au village.

Il s'agissait donc de quitter Sôn Tay. Pham, son idée en tête dès le début, avait bien repéré le chemin menant à la porte d'entrée. Le seul problème était de ne pas se faire remarquer par les Pavillons-Noirs.

Ils se remirent en marche sans rencontrer âme qui vive durant un bon moment. C'était la nuit, et les gens se terraient chez eux ; d'ailleurs, beaucoup d'habitants de Sôn Tay avaient quitté la ville depuis longtemps.

Alors qu'ils se rapprochaient de la muraille d'enceinte, ils entendirent soudain une musique, un battement de cymbales. Ils allaient faire demi-tour, mais la malchance fit qu'à cet instant un groupe de Pavillons-Noirs apparut derrière eux.

Ils avancèrent donc, la peur au ventre, mais les soldats ne leur prêtèrent aucune attention.

— Ils vont nous attraper, murmura Khiêm.

— Tais-toi et marche.

Une vive lueur les surprit. Des lampes à huile éclairaient une scène de théâtre improvisée au pied de la muraille d'enceinte. Trois musiciens jouaient au fond de cette scène, le premier faisant grincer son violon à trois cordes, le deuxième tirant des cris vibrants de son hautbois ; quant au troisième, il frappait à coups redoublés de baguette sur un énorme plateau de métal.

La musique rythmait le jeu des deux acteurs debout devant l'orchestre, portant des vêtements chamarrés, le visage recouvert de fards épais. L'un était déguisé en jeune fille et tous les deux échangeaient un long dialogue amoureux que la foule des spectateurs – des Pavillons-Noirs – écoutait avec beaucoup d'attention :

« La lampe orgueilleuse dit qu'elle brille plus que la lune, récitait la fausse jeune fille, passe le vent et la voilà éteinte…

— La lune orgueilleuse, répondait le second acteur, dit qu'elle brille plus que la lampe, passe un nuage et la voilà disparue… »

Khiêm poussa son père du bras :

— Tu les reconnais ? souffla-t-il. Ce sont Hô et Ky.

— Que nous importe... Éloignons-nous !

À pas lents, Pham et Khiêm s'écartèrent. Ils se mirent à courir lorsque l'obscurité les entoura de nouveau.

Ils arrivèrent à la porte Ouest. Non seulement elle était fermée, mais encore solidement gardée par de nombreux soldats. Pham se mordit les lèvres, il n'avait pas envisagé la chose. Il réfléchit, puis décida :

— Nous allons passer par la muraille.

— Elle est haute, osa objecter Khiêm, des soldats l'occupent aussi.

— Pas partout. Nous trouverons une corde pour descendre ou bien nous en fabriquerons une avec nos chemises.

De part en part, des escaliers menaient au sommet de la muraille de brique. Pham et Khiêm cherchèrent un endroit non gardé. Ils finirent par en trouver un et grimpèrent les marches jusqu'au faîte.

Devant eux s'étendait une ligne tremblante de feux allumés le long des fortifications protégeant la ville. Baissant les yeux, Pham aperçut en contrebas un large enchevêtrement de bambous, puis le fossé noir empli d'eau.

— La corde est inutile, dit-il, on va s'accrocher par les mains et se laisser tomber. Il y a la place. Allons-y !

Joignant le geste à la parole, il s'agrippa sur le rebord, le corps pendu dans le vide. Après un instant d'hésitation, Khiêm allait l'imiter, mais un cri jaillit, tout proche :

— Hôôô !

La lueur d'une torche éclairait la silhouette d'un Pavillon-Noir et son visage marqué d'une longue cicatrice. D'autres le suivaient, en patrouille sur le rebord du mur crénelé.

— Viens ! hurla Pham.

En même temps, il se laissa tomber en bas de la muraille, comme prévu. Mais Khiêm, lui, s'affola, perdit la tête. Au lieu d'obéir à son père, il se dressa et se mit à courir, les soldats aussitôt aux trousses.

Il dévala les escaliers, bondit en avant, enfila une ruelle, puis une autre. Les Pavillons-Noirs le suivirent durant un bon moment. Mais il était plus jeune

qu'eux, plus rapide, plus agile, ils finirent par perdre sa trace, leurs cris s'affaiblirent dans le lointain.

Khiêm se retrouva seul, la tête en feu, courant toujours, ne sachant où il se trouvait. Il heurta une porte intérieure qui barrait une rue et séparait deux quartiers. Il retourna sur ses pas, toujours aussi paniqué.

Tout à coup, un mur se dressa devant lui. Stupéfait, il reconnut la pagode du Dragon bleu bienveillant. Il approcha doucement, vit les paysans endormis, et les sentinelles qui en faisaient autant. Rien n'avait bougé depuis tout à l'heure.

S'attendant à voir surgir les soldats et ne sachant quel autre parti prendre, Khiêm se glissa entre les hommes, s'allongea comme eux, se recroquevilla, tremblant de tous ses membres.

Chapitre 4

Khiêm passa une fin de nuit emplie de cauchemars. Il s'éveilla dix fois, haletant, après avoir vu en rêve son père s'empaler sur les bambous pointus en bas de la muraille, ou bien surgir des Pavillons-Noirs dont l'un tendait vers lui une main prête à l'étouffer, riant d'un rire cruel, le visage strié d'une longue cicatrice...

Et puis ce fut l'aube, les cris des gardiens, un repas rapide. Personne ne s'aperçut de la disparition de Pham, mais Khiêm frémissait de crainte à chaque instant. Il avait peur pour son père et peur des Pavillons-Noirs, mais aussi de se retrouver seul, loin du village, dans un monde inconnu, hostile. Sans parler des combats à venir et qu'il sentait imminents, compte tenu de l'agitation qui grandissait ce matin-là de minute en minute.

— Allez ! Allez !

Les paysans couraient vers la citadelle bâtie au cœur de la ville et Khiêm courut avec eux. Après avoir franchi une porte, le jeune garçon vit une haute tour ainsi qu'un large bassin carré où des éléphants de guerre buvaient.

Une foule de porteurs se pressait devant les entrepôts. On donna à Khiêm un bambou muni à chaque extrémité d'un panier empli de boîtes de munitions. Il mit le bambou sur son épaule et les gardes le pressèrent à nouveau.

— Allez ! Allez !

Les paysans, chargés, reprirent leur course à travers la ville en direction des murailles.

Bientôt retentirent les premiers coups de canon. Ce n'étaient plus des grondements sourds et lointains, mais des claquements forts et proches. Alors, Khiêm courut encore plus vite…

Plus tard, monté sur le mur d'enceinte pour y décharger ses paniers, le garçon entendit non seulement les canons, mais toute une fusillade; la fumée commençait à s'élever au-dessus des fortifications.

Oui, la grande bataille venait de commencer. Trois jours auparavant, le 12 décembre 1883, les troupes françaises avaient quitté Hanoi, décidées à frapper un grand coup pour abattre le seigneur Luu et les siens. Plus de six mille hommes, onze bateaux en fer remontant le fleuve Rouge, sans compter d'innombrables jonques portant canons et munitions…

Il fallut une journée entière avant que les Diables blancs ne réussissent à s'emparer de la ligne des fortifications protégeant Sôn Tay, un front long de plus de trois kilomètres, allant du village de Phu-Sa à celui de Phu-Ni. La journée entière et des morts en nombre considérable. Les premières vagues d'assaut – les troupes envoyées en avant-garde – étaient composées pour l'essentiel de tirailleurs annamites recrutés sur place.

Toute la journée Khiêm courut, comme les autres. Les fusillades redoublaient d'intensité, la fumée se faisait de plus en plus dense et des lueurs d'incendie naissaient un peu partout.

La nuit venue, les porteurs eurent droit à un court repos. Ils se laissèrent tomber sur place, au pied de la muraille. Khiêm se trouvait près de la porte extérieure. Celle-ci était ouverte, des bataillons épais de Pavillons-Noirs sortaient de la ville pour une contre-attaque.

La bataille dura jusqu'à l'aube, avec, à nouveau, les crépitements sans fin des coups de fusil, les flammes plus nombreuses encore jaillissant des villages en feu, les hurlements lointains, les sonneries des trompes de guerre… Des blessés revenaient, se traînant, couverts de sang, le sabre sanglant à la main. Ils disaient qu'on se battait au corps à corps et que les étendards des soldats chinois progressaient dans les rangs ennemis.

Mais, à l'aube, il fallut se rendre à l'évi-

dence, les Français restaient maîtres des fortifications puisque les Pavillons-Noirs se repliaient et qu'on refermait la porte derrière eux.

La journée qui suivit fut étonnamment calme. Khiêm n'arrêtait pourtant pas de trembler ; ses compagnons lui parlaient peu, il était trop jeune, et il venait d'un village qui leur était inconnu. Les paysans transportaient des matériaux, bois et briques, pour renforcer la muraille, évacuaient les blessés vers la citadelle. Dehors, on ne tirait plus, ou seulement des coups de fusil isolés sur on ne savait qui.

Grimpés au sommet du mur d'enceinte, ceux qui voyaient loin disaient que les Diables blancs installaient des canons.

Pourtant, la nuit s'écoula paisiblement. Certains soldats essayèrent de fuir, mais peu, car les chefs des Pavillons-Noirs avaient posé leurs poignards sur le sol, ce qui voulait dire que tout fuyard rattrapé serait aussitôt mis à mort.

Khiêm se réveilla, le ventre noué ; le jour venu ne chassait pas les mauvais rêves. Oh ! il aurait donné cher pour se retrouver dans son village, revoir ses parents, sa grand-mère en train de peigner ses longs cheveux sur le banc du jardin, et Anh, son espiègle voisine, dont le simple sourire lui remuait le cœur.

— Debout !

Il se dressa, effaré. Un groupe de soldats allait de paysan en paysan. À chacun on donnait une pique et Khiêm eut la sienne.

— Il va falloir se battre aujourd'hui.

Pressés par les Pavillons-Noirs, les paysans grimpèrent sur la muraille où ils durent s'installer en ligne, à un pas l'un de l'autre, le visage tourné vers la campagne.

— Si les Diables blancs montent, frappez avec force !

Ainsi commença la journée…

Lorsque les canons français furent mis en place sur les fortifications conquises, le bombardement de Sôn Tay commença.

Khiêm entendit les premiers grondements. Les obus cognaient la muraille, la porte Ouest en particulier, toute proche.

Ou bien ils passaient en sifflant au-dessus des têtes pour s'abattre au hasard sur la citadelle.

Le garçon enfouit son visage dans ses bras, le cœur battant, sursautant avec force lorsque les coups frappaient trop près, murmurant le nom de sa mère comme un appel au secours.

Cela dura longtemps, très longtemps. Les Pavillons-Noirs ripostaient aussi avec leurs pièces d'artillerie, mais celles-ci dataient, et le plus gros de leurs canons, le seul qui arrivait à atteindre le fleuve, celui-là explosa après quelques coups tirés.

En fin d'après-midi eut lieu l'attaque des Français. Cette fois, c'était la Légion étrangère qui était lancée en avant, accueillie au pied de la muraille par les décharges ininterrompues de ses défenseurs.

Khiêm osa regarder ; il vit que la porte Ouest était défoncée par les obus, béante. Mais les Diables blancs ne pouvaient l'atteindre, ils tombaient par dizaines, surtout que les Chinois jetaient sur eux des bambous enflammés emplis de poudre qui explosaient, telles des grenades.

Combien de temps dura l'assaut ? Khiêm n'aurait su le dire. À un moment donné, les Pavillons-Noirs sortirent de la ville et s'installèrent en nombre sur le glacis, devant la porte, comme une barricade vivante. Les Français reculèrent, avant de s'immobiliser en arc de cercle à quelque distance.

Un instant, la fusillade perdit de son intensité, et Khiêm vit une chose étrange dont il devait se souvenir sa vie durant.

Entre les Pavillons-Noirs et les Français, au milieu d'un espace jonché de cadavres et de blessés, se trouvait une pyramide de granit, surmontée d'une pierre bleue couverte d'inscriptions. Sur les marches de la pyramide un homme se tenait debout, vêtu d'une longue robe noire. Il frappait des deux mains à la fois sur un gong en bronze et sur un tambour monté sur un trépied. Les balles sifflaient autour de lui sans l'atteindre, comme s'il était immortel.

Et puis il entendit les clairons sonner la charge et des hurlements sauvages. Il vit la ruée des soldats français s'enfoncer dans la masse des Pavillons-Noirs, dont les étendards vacillèrent. Baïonnettes contre sabres et piques, l'assaut furieux de la Légion écrasa les Chinois, les repoussa jusqu'à la porte. D'autres

troupes suivaient. Sans plus pouvoir résister, les Pavillons-Noirs rompirent leurs rangs et commencèrent à fuir.

La panique s'empara alors de ceux qui défendaient l'enceinte, ils abandonnèrent leurs postes de combat. Khiêm ne fut pas le dernier à dégringoler les marches, sans même penser à son arme, et à s'élancer à corps perdu dans la première ruelle venue, en compagnie d'autres fuyards.

Il jeta juste un coup d'œil en arrière, aperçut les soldats ennemis qui entraient dans la ville et se précipitaient à leur poursuite, frappant sans pitié ceux qu'ils rattrapaient. Cela lui donna des ailes.

Chapitre 5

Imitant les Pavillons-Noirs rescapés, les musiciens de la troupe des saltimbanques s'étaient enfuis sans attendre par la porte Est de Sôn Tay, criant aux comédiens de les suivre. Mais Ky avait arrêté ses deux compagnons :

— Allons d'abord récupérer les costumes, on ne peut les abandonner.

Hô et Lê hésitèrent.

— Tu es fou, lança le premier. Sauvons-nous ! Quand deux coqs sont face à face, on ne met pas la main entre leurs becs.

Ils suivirent cependant leur chef, qui courait vers la maisonnette où un ami les avait hébergés. On entendait dans la nuit des cris lointains, des coups de fusil. Ky se voulut rassurant :

— Nous ne craignons rien : les Français se sont arrêtés à la citadelle. On dirait qu'ils n'osent pas aller plus loin.

— Quand la souris ne craint pas le chat, répliqua Hô, le chat la mange.

— Nous arrivons, rassure-toi.

L'ami des saltimbanques était un commerçant. Sa boutique, installée dans l'une des quatre grandes rues de Sôn Tay, donnait sur une courette, derrière laquelle s'élevait une maison en brique, vide cette nuit-là, et aux ouvertures béantes.

— Le commerçant est sage, dit Hô, lui est déjà parti.

— Tais-toi !

Ils trouvèrent la malle d'osier dans un coin ; Lê la hissa sur ses fortes épaules. Ky et Hô, quant à eux, empoignèrent le rouleau de toiles peintes servant de décors sommaires à leurs pièces.

Hélas ! Comme ils sortaient, ils virent avec épouvante s'élancer vers eux une patrouille de soldats français, fusils à la main.

— Je le savais, gémit Hô.

Les Français criaient, levant leurs armes, prêts à tirer. Mais un ordre jaillit de la bouche de l'officier qui les commandait, et les fusils s'abaissèrent.

— Ce ne sont pas des Pavillons-Noirs ! Qui êtes-vous ?

Un des tirailleurs annamites traduisit la demande du lieutenant. Les saltimbanques avaient lâché leurs fardeaux, saluaient et faisaient courbette sur courbette. Lê s'était même mis à genoux. Ils s'expliquèrent avec véhémence, craignant de ne pas être crus ; dans ce cas, leur vie ne tiendrait plus qu'à un fil.

Ils furent fouillés et durent ouvrir le coffre, déplier leur rouleau. Les soldats riaient en voyant les costumes, les perruques, les fards. Ky tenta d'expliquer que la fine natte peinte en bleu représentait le fleuve, et qu'une autre, montée sur un bambou, n'était ni plus ni moins qu'une montagne.

L'officier, pressé, le fit taire et ordonna qu'on amène les saltimbanques là où se trouvaient les troupes. Soulagés, les compagnons suivirent les soldats. On entendait toujours des coups de fusil, et tous trois se dirent qu'ils avaient eu de la chance. Même Hô.

Pendant ce temps, mort de crainte, Khiêm s'était réfugié dans une paillote, caché entre le toit en feuilles de palmier et les bambous du plafond. Encore une fois, sa jeunesse et son agilité lui avaient permis d'échapper aux soldats.

Lui aussi entendit dans la nuit des cris et des détonations. Malgré tout, écrasé de fatigue, il finit par s'endormir.

Lorsqu'il s'éveilla, le jour était venu. Il écouta ; on parlait non loin, dans une langue inconnue. La peur le cloua sur place un bon moment, mais la curiosité finit par prendre le dessus ; il se tourna, élargit de son doigt un espace entre deux bambous mal bouchés par le mélange de terre glaise et de paille hachée, puis regarda.

Des soldats fouillaient les maisons à la recherche de Pavillons-Noirs. Ils en profitaient pour piller tout ce qui leur semblait avoir quelque valeur.

Lorsqu'un groupe entra dans la paillote, Khiêm faillit défaillir. Les soldats se mirent à sonder le plancher ; c'est là qu'ils trouvaient parfois de l'argent caché par leur propriétaire. L'un d'entre eux voulut également examiner le dessus du plafond ; Khiêm se crut perdu. En déséquilibre sur les épaules d'un camarade qui lui faisait la courte échelle, le soldat ne jeta, par bonheur, qu'un vague coup d'œil entre les bambous. Il sauta aussitôt sur le sol, et le groupe s'en alla.

Les heures passèrent, nombreuses, sans que Khiêm ne bouge de sa cachette. De temps à autre, il entendait encore des coups de feu, des chiens couraient dans la ruelle en aboyant…

Le garçon sentit qu'il avait faim, mais préféra attendre la nuit pour quitter la maison. S'il pensait toujours au village, à son père, devant ses yeux défilaient surtout les images de bataille, tandis que des coups de canon résonnaient dans sa tête. Comment de telles horreurs pouvaient-elles exister?

Le moment venu, il se décida, remua son corps ankylosé, descendit de son plafond. Il chercha dans la paillote, mais ne trouva rien à manger ni à boire. C'est qu'il avait surtout soif, à présent. Alors, prenant son courage à deux mains, il sortit.

Il se disait que les portes de la ville étaient peut-être ouvertes et que, de toute façon, il saurait bien sauter de la muraille, comme son père. Après, il retournerait chez lui, il retrouverait le chemin…

Il marcha, longeant les paillotes de la rue déserte, sans entendre aucun bruit. Tout à coup, il sursauta. Quelqu'un l'appelait à voix basse, un vieil homme dont seule la tête apparaissait à la porte d'une maison.

— Viens vite, garçon!

Khiêm rejoignit le vieux. Celui-ci le tira vivement et, après avoir traversé une première pièce de son habitation, ils pénétrèrent dans une salle où la faible lueur d'une lampe à huile éclairait une vieille femme en train de cuisiner. Khiêm en eut la salive qui lui vint à la bouche.

— Tu es fou de te promener la nuit, dit le vieux. La nuit, les soldats tirent sur tout ce qui bouge. Tu devrais le savoir! Qui es-tu?

— Laisse-le tranquille, interrompit la femme. Regarde ses yeux, il a faim. Tu nous raconteras après, mon garçon... Installe-toi. Nous n'avons pas grand-chose, mais nous allons partager.

Khiêm se jeta sur le bol de riz qu'on lui offrait, agrémenté de sauce à la saumure et au jus de poisson. Quand il eut terminé son frugal repas, il exposa ses aventures depuis sa sortie du village. Les vieux hochaient la tête en l'écoutant.

— Reste ici cette nuit, lui proposèrent-ils, tu t'en iras demain. C'est plus prudent.

Ainsi fut fait. Le lendemain, Khiêm quitta le couple avec bien des remerciements. Peut-être ces deux-là lui avaient-ils sauvé la vie...

Des gens allaient dans la rue, l'air craintif, pressés. Il restait quelques habi-

tants dans la ville et, si les troupes françaises cherchaient encore les Pavillons-Noirs, elles se montraient moins agressives.

Khiêm trouva un vieux panier, le ramassa ; cela lui donnait une contenance.

Il marcha en direction de la porte Ouest, qu'il franchit sans encombre après un bref interrogatoire des gardiens. Un tirailleur annamite dit aux Français que le garçon était trop jeune pour être un soldat et, à plus forte raison, un Pavillon-Noir. On le laissa tranquille.

Autour de Sôn Tay, la plupart des maisons étaient détruites, certaines réduites

en cendres encore tièdes. Des hameaux entiers n'existaient plus. Leurs débris jonchaient le sol, on ramassait des cadavres. Personne ne fit attention au garçon.

Ce dernier arriva au bord du fleuve Rouge. Des soldats y fusillaient les derniers Pavillons-Noirs capturés. Ils criaient vengeance et parlaient des atrocités commises par les Chinois. Khiêm ne comprit pas leurs paroles et prit ses jambes à son cou, horrifié.

Plus loin, il aperçut trois hommes qui marchaient d'un bon pas. L'un portait une grande malle en osier sur ses larges épaules, les deux autres un long rouleau de toiles. Il reconnut Ky, Hô et Lê ; son visage s'éclaircit, un gros poids tomba de sa poitrine, il hurla leurs noms de toutes ses forces.

Chapitre 6

Le sampan descendait le fleuve avec rapidité, poussé à la fois par le courant et par un bon vent dans sa voile. Ky chantait :

Profitons des jours et des nuits
Hâtons-nous de jouir de la belle saison,
Avant que l'automne
Ne fasse tomber les feuilles des arbres.
Oh, la jeunesse passe vite...

Khiêm se sentait mélancolique, la chanson était celle que sa voisine Anh préférait entre toutes ; elle aussi la chantait lorsque personne ne pouvait l'entendre... sauf lui.

Si le garçon ouvrait les oreilles, il ouvrait les yeux aussi, attentif à surveiller l'horizon, guettant un danger possible. Le sampan avait déjà croisé un convoi de jonques de l'armée française remontant de Hanoi à Sôn Tay.

— Ça y est, nous sommes morts, avait murmuré Hô.

Mais les militaires les avaient laissés passer sans intervenir.

Hô et Lê mâchaient des chiques de bétel*, une salive rouge leur perlait aux lèvres. Lorsque Ky se tut, Khiêm lui posa la question qui le tourmentait depuis longtemps :

— Pourquoi les Diables blancs viennent-ils chez nous ?

Ky se gratta la tête avant de répondre :

— C'est une vieille histoire... Moi, voilà ce que je sais : il y a des années, un commerçant français a fait remonter ce fleuve

* Préparation à base de noix d'arec saupoudrée de chaux et enveloppée d'une feuille de poivrier, la chique de bétel, d'usage très courant, procure des sensations qui stimulent l'organisme.

par ses bateaux jusqu'en Chine. À son retour, il a été retenu à Hanoi, accusé d'avoir traversé le pays sans autorisation aucune. Alors l'armée française est venue. Maintenant elle a décidé d'occuper le pays tout entier. C'est tellement plus simple pour le commerce…

Khiêm ne répondit pas, il comprenait mal ce que lui racontait le saltimbanque. Chose rare, Lê prit la parole :

— Moi, dit-il, j'ai vu les soldats de près, ils ont des dents blanches, des dents de chien. Ils ne couvrent pas leurs dents de laque noire comme nous. Pourquoi ?

— Je ne sais pas, répondit Ky.

Et Khiêm, quant à lui, pensa que les Français n'étaient pas seulement des gens dangereux, mais aussi des gens étranges…

Tandis qu'ils discutaient ainsi, le sampan continuait sa course. L'émotion gonflait le cœur de Khiêm, il allait revoir son village des Dix mille bonheurs, retrouver les siens. Là, il se rembrunissait, pensant à la grand-mère, et à son père,

Pham… Il lui tardait de savoir ce qu'ils étaient devenus.

Enfin, ce fut la dernière partie du voyage. La barque s'engagea dans un bras du fleuve, frôla le rivage à l'endroit où Ky cachait son bateau. Ensuite, il fallut continuer à pied, un bon moment.

Le village n'était plus guère éloigné. Des paysans dans les rizières reconnurent les arrivants. Ils poussèrent des cris, abandonnèrent le travail et les buffles au poil gris, aux longues cornes recourbées et pointues.

Khiêm et les autres furent entourés, fêtés, poussés. On les interrogeait, les questions succédaient aux questions avant même que les réponses ne viennent. Khiêm aussi posa des questions, on fit semblant de ne pas les entendre.

Le groupe animé arriva au village. Le guetteur avait déjà lancé un appel de corne, et chacun accourait. Khiêm hurla de joie : près de la pagode du génie protecteur se trouvaient sa mère et sa grand-mère, ses frères et ses sœurs, et Anh aussi, le visage émerveillé. Il se précipita vers eux, les bras ouverts.

Mais, lorsque sa mère lui demanda d'une voix tremblante où était Pham, il comprit que son père n'était pas rentré, et sa joie tomba d'un seul coup.

Plus tard, ils se retrouvèrent nombreux dans le jardin de la maison familiale, non seulement la famille, mais aussi les voisins, les amis, les notables. Khiêm apprit que, le jour de son départ, la grand-mère était revenue au village avec d'autres, après être restée cachée longtemps par crainte des Pavillons-Noirs. De son côté, il dut raconter dix fois les événements de Sôn Tay, avec tous les détails, en commençant par le commencement.

Sa mère pleurait en écoutant la fuite de son époux, et chacun hochait la tête d'un air entendu lorsque Khiêm parlait des morts et des incendies…

À la fin, la grand-mère soupira avec une profonde tristesse :

— Mon fils ne reviendra plus…

Personne ne répliqua, n'osa affirmer le

contraire, sauf Ky, le chef des saltimbanques :

— Nous avons vu des choses terribles, dit-il avec force, mais nous n'avons pas vu Pham mourir. Il a pu arriver des événements que nous n'imaginons même pas, ce serait injuste de perdre confiance aujourd'hui. Pardonnez-moi de donner mon avis, je suis un étranger au village, mais vous me connaissez. Moi, je pense qu'il faut attendre avant de désespérer, par exemple dix jours encore ; Pham peut revenir ou bien donner de ses nouvelles. Sinon, le onzième jour, Khiêm devra partir à sa recherche. C'est son devoir, Pham est son père.

En écoutant ces paroles, Khiêm sursauta, complètement affolé. Avait-il bien entendu ? Quoi, il lui faudrait quitter à nouveau le village, affronter encore des dangers inconnus ! Tout son corps chavirait au souvenir des événements qu'il venait de vivre. Non, il ne partirait pas ! Pourtant, Pham était son père, il lui devait amour et dévouement avant tout...

Sa tête était comme vide, il ne savait que dire.

Autour de lui, chacun donnait son point de vue, les gens de la famille, les anciens, membres du Conseil, un des deux lettrés du village, mandarin à simple bouton blanc, mais que l'on écoutait toujours avec respect, celui-là… À la fin, décision fut prise de suivre le conseil du saltimbanque : on attendrait dix jours ; le onzième, Khiêm irait à la recherche de son père ; c'était à lui de le faire, seul enfant de Pham à en avoir l'âge. Même mort, il fallait le retrouver, lui offrir une sépulture décente, sinon son esprit mécontent viendrait se plaindre et tourmenter les vivants…

Les jours suivants furent tristes pour le garçon, la vie autour de lui se déroulait au rythme habituel, le travail, les repas, le sommeil… Une fête était prévue depuis longtemps, mais on y renonça à cause de la guerre.

Anh guettait Khiêm depuis son arrivée. Elle finit par trouver le moment propice, et le rejoignit alors qu'il était seul.

Dans ses yeux noirs il y avait une grande tristesse, de la compassion, de la crainte.

— J'ai pensé à toi tout le temps de ton absence, dit-elle, je penserai encore à toi lorsque tu partiras.

— Je ne partirai pas !

— Quoi ?

La jeune fille se redressa brusquement, étonnée. Il eut envie de lui parler, de lui expliquer, mais il n'en eut pas la force, c'était trop compliqué. Il se sauva malgré ses appels. Par la suite, il s'efforça de l'éviter.

Les trois saltimbanques étaient restés au village. Ky faisait de mystérieuses visites à des gens de sa connaissance, Hô passait son temps à prédire l'arrivée de grands malheurs. Quant à Lê, il jouait avec qui le voulait bien à tous les jeux possibles. Aucun d'entre eux ne s'occupait de Khiêm.

Le dixième jour, il se passa des choses importantes.

Khiêm, ce matin-là, se tenait à l'écart, au bord d'un des trois étangs du village. Il regardait machinalement des canards nager devant lui, pensant au lendemain. Si bien qu'il ne vit pas arriver Anh. Il sursauta en entendant sa voix décidée qui l'interpellait :

— Khiêm, il faut que tu m'accompagnes !

Il hésita, puis finit par la suivre. La jeune fille le conduisit jusqu'à la petite pagode consacrée au génie protecteur du village, une simple construction en pierre surmontée d'un toit rouge. Là, elle lui demanda :

— Khiêm, connais-tu l'histoire de Monsieur le génie qui repose en ce lieu ?

— Pourquoi ?

— C'est le fondateur de notre village, un simple paysan comme toi. Un jour, il y a longtemps, un général tigre blanc au souffle mauvais ravageait la région. Le paysan dit au roi qu'il allait le vaincre. Une fée l'accompagna à la chasse, et il tua le général tigre, dont la peau et le squelette sont enterrés ici. Voilà ce que je voulais te rappeler, et te dire que toi aussi tu es capable de vaincre les tigres. Moi, je le crois, et tu vas me le prouver.

Elle le regardait, tête droite, yeux brillants, jeune fille à la silhouette gracieuse et fragile. À ce moment-là non plus, il ne sut que répondre.

Chapitre 7

Ce jour-là aussi, peu après, un bonze arriva de Hanoi. Il se rendait, disait-il, dans un monastère des montagnes du Nord ; en passant, il avait voulu revoir son village natal. Sa famille lui fit fête, comme beaucoup d'autres.

Les villageois lui ayant raconté l'histoire de Pham, il demanda à rencontrer Khiêm. Celui-ci vint le trouver, ne pouvant faire autrement.

Le bonze le reçut dans la maison des siens. Malgré son âge avancé, il semblait encore vigoureux et, sous son crâne rasé, ses yeux exprimaient une grande bienveillance. Il se tenait accroupi près de l'autel des ancêtres, un meuble bas sur lequel se trouvaient des brûle-parfum, des chandeliers, des baguettes d'encens et surtout la tablette portant le nom des défunts de la famille depuis plusieurs générations. Il offrit du thé à Khiêm, qui refusa avec politesse.

— On m'a raconté tes aventures, dit le prêtre. Comme tu pars demain, je tenais à te donner mon avis...

Khiêm se mordit les lèvres. Le bonze parlait de son départ comme d'une chose acquise.

— Pour retrouver ton père... continua l'homme, si ton père est vivant, tu as deux possibilités. Après la prise de Sôn Tay, les troupes françaises ont poursuivi les Chinois vers le nord. Ils ont emmené de force avec eux nombre de paysans dont ils se servent pour porter leur matériel et leurs bagages : les coolies. Ton père est peut-être parmi eux. Mais il ne serait pas facile pour toi de rejoindre les soldats, tu te ferais vite prendre et tuer. Je te conseille donc de te rendre plutôt à Hanoi.

C'est là que les soldats reviendront après les batailles, et les coolies aussi...

Le bonze parlait toujours, mais Khiêm ne l'entendait plus. La peur était revenue tenailler son ventre, sa gorge, sa tête... Hanoi... Il savait la ville plus étendue et plus peuplée que Sôn Tay. Qu'allait-il devenir là-bas ? Il n'y connaissait personne, les Diables blancs l'occupaient, qu'il faudrait sans doute approcher. Il ne pourrait jamais !

Quand le prêtre le laissa partir, il s'enfuit presque. Mais dehors, une nouvelle fois, il pensa à sa mère, qui pleurait en cachette, au reproche constant qu'il lisait dans les yeux de sa grand-mère, à son père, qu'il aimait et à qui il devait tout, à Anh et au génie fondateur du village...

Il se ressaisit, réfléchit un moment, s'en voulut de ne pas avoir écouté tout ce que disait le bonze. Peut-être que des choses importantes lui avaient échappé ?

Il revint sur ses pas, décidé à interroger le prêtre et à lui expliquer ce qu'il ressentait.

Mais il en fut empêché, car, lorsqu'il souleva la natte de sa porte, il vit que la place était prise. Quelqu'un d'autre était maintenant accroupi devant le bonze. Khiêm reconnut Ky avec un certain étonnement.

Son étonnement grandit encore devant le curieux manège des deux hommes : Ky venait de terminer de boire du thé et il reposait sa tasse devant lui à l'envers. Le bonze se gratta alors le nez bien visiblement. De la même façon, Ky se pinça l'oreille droite, et l'autre balaya son front de la main, aussitôt imité par le saltimbanque.

Après quoi, tous deux éclatèrent d'un rire satisfait tandis que Khiêm regardait sans comprendre. Il laissa retomber le rideau. « J'arrive trop tard, se dit-il seulement… D'ailleurs, cela ne servirait à rien de lui parler… »

Il retourna dans la paillote de ses parents. Les enfants jouaient dehors, criant à qui mieux mieux. Sa mère faisait la cuisine ; elle lui sourit :

— Tu auras du riz gluant pour emporter demain, dit-elle. Tu sais, j'ai consulté les devins du village, eux aussi disent que tu dois partir.

Il ressortit aussitôt, ne voulant pas engager la conversation, et alla tourner autour de la maison d'Anh. Cette dernière resta invisible, elle était partie aux rizières. Khiêm soupira, songeant qu'il n'avait guère aidé sa famille ces derniers jours. Cette pensée lui donna une nouvelle raison de se sentir mal à l'aise.

— Oh!

Khiêm se tourna et aperçut Ky.

— J'ai à te parler, dit le saltimbanque.

Lui aussi! Ils se rendirent ensemble au bord de l'étang, où ils savaient trouver la tranquillité.

— Je vais t'annoncer une bonne nouvelle...

Khiêm soupira.

— Elle sera la bienvenue.

— Hô, Lê et moi, nous t'accompagnons à Hanoi demain.

— Quoi!

Le garçon ne put retenir un cri de joie; comme l'autre fois, au bord du fleuve

Rouge, il éprouvait un immense soulagement. Il demanda :

— Pourquoi faites-vous cela ?

— Je vais te le dire, mais ne le répète à personne.

Khiêm promit la plus grande discrétion, et Ky l'informa qu'il appartenait à une société secrète formée par des gens de plusieurs villages, dont le but était l'entraide entre ses membres et la lutte contre les envahisseurs étrangers.

— Les Pavillons-Noirs ont pris ton père, et maintenant ce sont peut-être les Français. Nous voulons être libres dans notre pays, tu comprends ?

Il ajouta que, la Société l'envoyant en mission à Hanoi, il en profiterait pour seconder Khiêm dans ses recherches. Le garçon approuvait de la tête avec force.

Ils parlèrent longtemps ; Ky cherchait à raffermir le courage du jeune garçon, Khiêm se sentait mieux puisqu'il n'était plus seul. À la fin, c'est lui-même qui proposa de devenir membre de la Société secrète. Ky l'approuva avec chaleur, soulignant, lui aussi, que l'union fait la force...

— Seulement, tu dois t'engager auprès de tous les nôtres, il te faut leur accord.

— Comment faire ?

— C'est prévu... Tout à l'heure, quand la nuit tombera, tu entendras un chant d'oiseau dans ton jardin. Sors de ta maison, quelqu'un t'attendra que tu devras suivre.

— Je le ferai.

Le saltimbanque s'en alla, il semblait tout heureux et Khiêm l'était presque autant. Il ne voulait plus réfléchir davantage ; cette fois, dans ces conditions nouvelles, sa décision était prise, la seule possible : il irait à Hanoi.

La nuit vint, dehors un pigeon roucoula. Khiêm sortit, comme convenu, le cœur battant, et suivit une ombre qui s'en allait le long des rues étroites. À l'extrémité du village, l'ombre disparut, mais le garçon entendit un faible appel :

— Par ici, viens...

Il entra dans une paillote entourée

d'arbres et de verdure, traversa la première pièce à la suite d'une autre ombre qui lui montrait le chemin.

La pièce suivante était éclairée par plusieurs lampes à huile, et des bâtonnets d'encens brûlaient, dégageant leur parfum âcre et prenant. Une vingtaine d'hommes formaient un cercle le long des murs. Khiêm reconnut des gens du village et aussi le bonze venu de Hanoi. Au fond, un autel était dressé sur une table, semblable au traditionnel autel des ancêtres que chaque famille possède, mais celui-là était dédié à un génie du ciel. Auprès de l'autel se tenait Ky, c'est lui qui présidait la séance. Khiêm se sentait impressionné...

On n'attendait plus que le garçon. Deux paysans étaient déjà agenouillés au centre du cercle, tête baissée en signe de respect. Khiêm s'agenouilla à leurs côtés.

Alors Ky lança un ordre, une tasse d'alcool circula. Chacun y trempait seulement les lèvres avant de la passer à son voisin. Quand on eut fini de boire, Ky annonça que trois nouveaux voulaient adhérer à la Société secrète. Il donna leurs noms et demanda si quelqu'un s'opposait à cette adhésion. Devant le silence de tous, il reprit la parole, s'adressant aux nouveaux venus :

— Vous allez prêter serment devant Monsieur le Ciel et Madame la Terre. Répétez après moi : « En ce jour, nous jurons de nous unir pour agir de tout notre cœur en faveur de notre pays. Que ceux qui ne seront pas fidèles soient tués par la Terre et le Ciel, les esprits et les démons. »

Khiêm répéta avec soin chaque phrase qui l'engageait. Ensuite Ky tendit une aiguille. Khiêm, comme les deux autres, piqua l'extrémité de son doigt afin qu'une goutte de sang tombe dans la tasse d'alcool où chacun but à nouveau. Ky reprit, la figure grave comme jamais Khiêm ne l'avait vue :

— « Dans la prospérité comme dans l'adversité, je partagerai bonheur et malheur avec mes frères ; nous voulons sauver le peuple, chasser nos ennemis. Je le jure. »

— Je le jure, répétèrent les nouveaux en chœur.

Alors Khiêm fut félicité, encouragé ; le bonze lui donna une bonne tape sur l'épaule, Ky lui répéta qu'ils partiraient ensemble, et le garçon rit avec les autres, le cœur bien plus léger qu'auparavant. Il éprouvait une sensation curieuse. Les gens du village présents à la cérémonie le regardaient maintenant d'une façon nouvelle, le visage amical, presque fraternel. Pour eux, il n'était plus un enfant.

Le lendemain, bien avant l'aube, Khiêm se glissa hors de la maison familiale, où tous dormaient encore. La ruelle était déserte ; pourtant, il sembla au garçon qu'une ombre se cachait derrière le manguier des voisins. Il reconnut Anh, mais la jeune fille se sauva lorsqu'il fit un pas dans sa direction.

Avec un peu de regret, Khiêm alla retrouver les trois saltimbanques au bord des rizières.

Ky préparait le thé sur un petit foyer. Chacun but une tasse où trempaient les cendres d'une amulette brûlée, amulette portant des formules magiques inscrites sur un papier de riz et le cachet de la Société secrète.

— Cela nous donnera à chacun, dit le chef, plus de force et plus de courage.

Hô ricana. Il avait pourtant bu, lui aussi.

Ils partirent. Dans le champ proche un buffle s'allongea avec un bruit sourd, cherchant de son mufle une touffe d'herbe au fond de l'eau.

Chapitre 8

L'homme se tenait debout parmi les autres spectateurs, la face hilare, regardant Ky jongler avec des balles multicolores, faire semblant de les laisser tomber sur le sol avant de les rattraper au dernier moment. Il portait un tablier blanc et ses pieds, chaussés de sandales, étaient placés en équerre, talon contre talon.

Khiêm comprit que l'homme avait quelque chose à leur dire, mais il ne pouvait quitter sa place en pleine représentation. Ky achevait de jongler, Hô se préparait déjà ; entre leurs numéros, c'était à Khiêm de ramasser l'argent des curieux, y compris les piécettes françaises que lançaient les soldats présents.

Au début, il avait eu peur de ces derniers, l'envie de fuir le prenait chaque fois qu'il apercevait un uniforme. Mais Hanoi était plein de militaires français, des milliers sans doute, et Khiêm s'était habitué. Mieux, il savait maintenant distinguer le marsouin, soldat de l'infanterie de marine en tunique bleue à grand col cassé, ou le turco, tirailleur algérien portant une chéchia rouge à gland sur la tête.

Hô avança, un sabre à la main, tandis que Ky bonimentait le public, l'informant qu'il allait assister à quelque chose d'exceptionnel, d'unique et d'incomparable.

Khiêm songea que, si Lê avait été là, il aurait pu rejoindre l'homme au tablier ; seulement Lê, cet après-midi encore, avait disparu, happé par ce démon du jeu qui l'attirait de plus en plus en dépit des réflexions de ses camarades.

La petite foule retenait son souffle. Hô, la tête dressée, leva son sabre bien droit, l'introduisit dans sa bouche grande ouverte; le sabre glissa lentement dans la gorge, l'œsophage. Khiêm, tout en ramassant les sapèques, se sentait angoissé pour son camarade, comme chaque fois.

Ky lui fit un signe, lui aussi avait aperçu le spectateur au tablier qui attendait toujours, l'air intéressé, sans impatience aucune.

Le garçon sortit alors un foulard de sa poche et se frotta le visage avec soin. L'homme le vit faire, aussitôt il recula et s'en fut à pas lents.

Khiêm le suivit. Deux rues plus loin, l'homme s'assit auprès d'un barbier qui officiait en plein air. Khiêm s'installa près de lui, comme s'il attendait son tour.

Le barbier achevait la barbe d'un client; il entreprit ensuite de lui curer les oreilles à l'aide d'un bâtonnet qu'il maniait avec une légèreté remarquable. L'homme au tablier murmura à voix basse:

— Tu diras à Ky que des coolies sont arrivés aujourd'hui. Passez les voir demain matin. Vous amènerez des paniers de choux, mon frère vous les donnera dans sa boutique.

— Nous viendrons, merci.

Le barbier, maintenant, complétait le nettoyage des oreilles de son client avec un fin pinceau. Khiêm se leva et s'en alla, laissant l'homme au tablier, qui était aide-cuisinier chez les Français et membre de la Société secrète.

Le garçon, une fois encore, sentit l'espoir renaître en lui. Peut-être allait-il enfin retrouver son père parmi ces coolies qui arrivaient du Nord. Les soldats utilisaient beaucoup de porteurs pour chacun de leurs déplacements, Khiêm et Ky en avaient déjà vu un grand nombre depuis un mois ; mais Pham restait introuvable. Le garçon se demandait parfois si le bonze de passage au village l'avait bien conseillé. Peut-être aurait-il mieux valu se rendre à Sôn Tay pour trouver une piste, bien que la seule pensée de cette ville lui donnât le frisson !

Lorsque Khiêm rejoignit ses amis, la représentation venait de s'achever, les curieux se dispersaient. Apprenant le message du cuisinier, Ky essaya de remonter le moral de Khiêm :

— Nous irons demain, dit-il. Notre ténacité sera peut-être récompensée, cette fois.

Hô eut un petit rire incrédule. Ky lui jeta un regard agacé et l'invita à ranger le matériel. Il reprit :

— Quant à nous deux, Khiêm, nous allons nous occuper de Lê en attendant ; je sais où le trouver. Ma patience est à bout.

Ils partirent. Hanoi sentait le poisson, le musc et les ordures. Parfois s'y ajoutaient les senteurs fugaces des fumeries d'opium : soit une agréable odeur de caramel, ou bien, le plus souvent, une fumée nauséabonde provenant des restes de drogue recueillis dans les pipes des gens riches et utilisés par les pauvres. La ville, serrée entre le fleuve Rouge et la citadelle, était animée. Habitué à son calme village, Khiêm avait souvent la tête qui tournait en voyant tant de monde à la fois. Chaque pas lui donnait l'occasion d'un étonnement ou d'une crainte. Ici passait un long cortège funèbre accompagné de musiciens, là une procession de bonzes marmonnant des prières, ou bien une file de voleurs promenés en public, les bras emprisonnés par un lourd carcan de bambou fixé autour du cou ; un policier leur ouvrait le chemin en frappant à chaque pas sur un gong sonore… Des officiers français parcouraient les rues au grand galop de leurs chevaux, des femmes portaient sur la tête des chapeaux ronds si larges qu'elles devaient les retenir à la main à l'aide d'un cordon, on vendait sur les places des chiens à manger, enfermés dans des cages à côté des volailles, des enfants demandaient la charité, main tendue, chose inimaginable au village…

La ville elle-même lui semblait immense, avec ses portes monumentales, ses pagodes imposantes aux toits relevés chargés de dragons rouges, et devant lesquelles veillaient de lourds serpents de pierre. Elles servaient à présent de cantonnement aux Français. Chaque matin, même par temps froid, un grand nombre de gens venaient se laver dans le Petit Lac. Au bord du fleuve se trouvait la concession française entourée d'une palissade percée de meurtrières... Et les rues s'allongeaient dans tous les sens, si nombreuses qu'on s'y perdait, des rues portant le nom du métier de ses habitants : rue de la Soie, rue du Cuivre, rue des Brodeuses, rue des Changeurs-d'Argent, rue des Incrusteurs-de-Nacre, rue des Marchands-de-Cercueils... Ici, chaque personne lui était étrangère. Oui, quel bonheur d'avoir Ky avec soi, quelle sécurité d'appartenir à une société secrète...

Lê jouait aux cartes dans un débit de thé, assez crasseux et assez mal fréquenté. Un bon moment, il fit semblant de ne pas voir Ky et Khiêm qui lui faisaient signe, et ce ne fut pas de bon cœur qu'il alla les rejoindre.

— Que me voulez-vous ?

Ky l'attira à l'abri des oreilles indiscrètes.

— Cela ne peut durer, dit-il, on ne te voit plus. Tu ne nous aides ni pour le travail ni pour aller rencontrer nos frères.

Le colosse baissa la tête sans répondre.

— Pis, continua le chef des saltimbanques, ta façon de faire ne t'empêche pas de nous réclamer ta part de nos recettes. C'est injuste, tu ne trouves pas ? Surtout que tout l'argent qu'on te donne, tu le perds au jeu… Reprends-toi, Lê, nous sommes tes amis, change d'attitude. Viens, nous allons rentrer ensemble, nous avons besoin de toi.

Lê hésitait visiblement ; un instant, il sembla même ébranlé. Mais son regard se porta sur ses compagnons de jeu, qui l'attendaient dans leur coin. Il se redressa :

— Je viendrai tout à l'heure, dit-il.

— Viens tout de suite.

— Non.

— Tu n'auras plus d'argent !

— Ça m'est égal.

Ky et Khiêm ne purent le convaincre ; ils s'en allèrent et le colosse retourna à sa place.

— Enfin ! applaudirent les autres joueurs.

L'un d'entre eux, qui s'appelait Phuc et

qui avait l'habitude de toujours sourire, demanda :

— Ils te voulaient quoi ?

— Rien. Ce sont mes frères, c'est avec eux que je travaille.

— Les saltimbanques ? Ils venaient te chercher, je parie.

— C'est ça.

— Reste avec nous, l'ami, c'est bien plus drôle.

— Il faut de l'argent.

— La chance va tourner, Lê, tu le sais bien, reprends les cartes. D'ailleurs, de l'argent, on peut en gagner de différentes façons.

Le colosse regarda son partenaire avant de répondre dans un éclair de lucidité :

— De différentes façons, oui, mais ça finit chez le juge, par des coups de bâton ou même par un bon coup de sabre.

Phuc éclata de rire :

— Si tu es malin, tu es derrière le juge. Alors aucun coup ne peut t'atteindre.

Chapitre 9

Chaque matin, un coup de canon réveillait les soldats français de Hanoi. Ensuite les trompettes sonnaient. Lorsqu'elles se firent entendre ce jour-là, cela faisait longtemps que Ky et Khiêm étaient debout. Portant des paniers remplis de choux sur l'épaule, ils se dirigeaient vers la porte de France, où, à l'entrée de la rue des Incrusteurs, on avait construit d'immenses cabanes en treillis de bois pour y entasser les coolies de l'armée.

Ces derniers étaient gardés par des tirailleurs annamites, vêtus de noir, blouse courte, pantalons bouffants, coiffés d'un chapeau rond et plat.

Les tirailleurs laissèrent passer les deux amis sans trop de difficulté ; l'aide-cuisinier les attendait ; il prit les choux et leur fit traverser le camp en tous sens. Khiêm et Ky scrutaient avec avidité les groupes de coolies qui se pressaient autour des marmites de cuivre où cuisait leur repas du matin.

Khiêm avait le cœur battant. Quel bonheur s'il apercevait son père tout à coup !

Il n'en fut rien. Khiêm et Ky repartirent, déçus une fois de plus.

— Je crois, murmura Khiêm, qu'il aurait mieux valu aller à Sôn Tay.

Il se tut aussitôt, pensant à la bataille, aux fusillades, aux blessés, aux morts...

— Pardonne-moi, dit Ky, il faut que je te laisse, j'ai ce matin un rendez-vous important.

— Fais ce que tu as à faire, s'empressa de répondre Khiêm. Tu me consacres beaucoup de temps déjà, crois bien que je te suis reconnaissant de ta présence et de ton aide…

C'était la première fois que le garçon parlait de la sorte, et il se sentit heureux d'avoir remercié le saltimbanque.

Ky lui sourit, hocha la tête et s'en alla avec un geste amical.

Il se dirigea vers le marché, c'était là qu'il avait rendez-vous avec le chef d'une société secrète amie de la sienne*.

La foule grouillait entre les paniers de fruits, de légumes, de volailles, de poissons séchés, posés à même le sol. Ky trouva son interlocuteur avec facilité grâce aux renseignements qu'on lui avait fournis : l'homme portait une fine barbe, signe de sagesse ; c'était un marchand de canards appelé Nguyen.

Ky lui fit un profond salut, l'homme se dressa et l'emmena au milieu des étals à l'abri d'une charrette. Ky s'aperçut

* Comme en Chine, de très nombreuses sociétés secrètes, petites ou grandes, ont joué de tout temps un rôle non négligeable dans la vie du Tonkin.

qu'autour d'eux les vendeurs étaient plus nombreux que nécessaire, et que certains ne faisaient que surveiller les alentours.

Une fois face à face, accroupis sur leurs talons, les deux hommes échangèrent des signes de reconnaissance. Cette fois, l'un après l'autre, ils se frottèrent l'œil droit, et puis l'œil gauche, avec un doigt, puis se pincèrent le lobe de l'oreille avant de poser leurs mains sur les genoux.

Alors seulement le marchand offrit à son interlocuteur une chique de bétel et engagea la conversation :

— Je t'ai fait venir, dit-il, parce que nos deux sociétés partagent le même but, l'entraide et la lutte contre les envahisseurs. Plus nous serons et mieux cela vaudra ; je sais que depuis quelque temps tu recrutes des membres dans cette ville ; nous l'acceptons, bien qu'elle soit la nôtre. Seulement, il faut que tu répondes à cette attitude fraternelle : nous avons besoin d'une aide de ta part…

Ky remercia et demanda de quoi il s'agissait.

— Les mandarins, tu le sais, sont divisés : les uns regrettent l'ancien temps, les autres non. Nous connaissons un juge qui s'est mis au service des Français ; il dit partout que leur présence est une bonne chose. Nous pensons qu'il mérite une leçon et c'est toi qui vas la lui donner. Ensuite nous serons alliés.

Ky salua ; il était prêt à faire beaucoup pour que les deux sociétés secrètes s'unissent davantage.

— Je t'écoute, dit-il, explique-moi ce que tu attends de moi.

Pendant ce temps, Lê regagnait la petite paillote où les saltimbanques s'étaient installés depuis leur arrivée à Hanoi, le sampan de Ky caché chez un ami sûr. Le colosse avait joué aux cartes toute la nuit et tout perdu, y compris ses vêtements, puisqu'il ne portait sur lui qu'un simple caleçon déchiré s'arrêtant aux genoux, en dépit de la fraîcheur hivernale. Le visage impassible, il annonça qu'il participerait l'après-midi aux représentations du groupe, avant de s'affaler sur sa natte, où il s'endormit aussitôt. Il n'entendît pas Hô déclarer que seul un ver de terre peut vivre tout nu sans s'abîmer la peau.

L'après-midi, les saltimbanques au complet s'installèrent à leur place habituelle pour y présenter leur spectacle, auquel s'ajoutaient des numéros de force puisque Lê était présent, soulevant un tonneau plein, jonglant avec deux lourdes jarres. Bien entendu, ses compagnons lui avaient trouvé des vêtements.

Surprise : comme la veille, l'aide-cuisinier parut parmi les spectateurs, les talons en équerre. Dès qu'il le put, Khiêm alla le rejoindre. Comme la veille, l'homme s'installa près du barbier-cureur d'oreilles :

— Les divinités suprêmes sont avec toi, souffla-t-il au garçon. Ou alors le hasard fait bien les choses. Imagine : ce matin, après votre départ, des coolies m'ont aidé à préparer le repas. Nous avons parlé des événements actuels et puis de la bataille de Sôn Tay. Alors un des coolies a dit qu'il avait connu un paysan qui était à Sôn Tay au moment de la bataille : il s'était sauvé en sautant de la muraille d'enceinte et les Français l'ont attrapé dans les rizières et pris de force à leur service.

Khiêm se dressa, les yeux brillants, soulevé cette fois par un espoir bien légitime :

— Et où est mon père maintenant ? S'il s'agit bien de mon père...

— Tu penses que j'ai interrogé le coolie. D'après lui, il serait reparti au bord de la mer, dans la baie d'Along, du côté d'Haiphong.

Khiêm leva les bras au ciel :

— Je ne connais rien des endroits dont tu parles.

— Ky t'expliquera...

Le garçon restait sans bouger, étourdi par la nouvelle, le cœur battant. Le barbier appela l'aide-cuisinier, c'était son tour de se faire raser. Il jeta un coup d'œil à Khiêm et eut un petit rire :

— Que fais-tu là, toi ? demanda-t-il. Tu n'as pas un seul poil au menton.

Le garçon battit en retraite sans répondre.

Le soir tombé, les saltimbanques se

réunirent dans leur paillote pour partager un frugal repas. Ky expliqua qu'Haiphong était le port de la mer de Chine, et que dans la baie d'Along s'élevaient des îles innombrables qui servaient de refuge aux pirates.

— Est-ce loin d'ici ? demanda Khiêm.

— Il faut le temps d'y aller, répondit Ky en riant.

Il devina les pensées de son jeune compagnon et ajouta, redevenu sérieux :

— N'aie crainte, ami, nous t'accompagnerons. Pas vrai, vous autres ?

Lê approuva du bout des lèvres. Hô dit que les pirates ne manqueraient pas de leur causer des ennuis sérieux, mais qu'il était prêt à se sacrifier, et même à partir à l'instant. Ky le calma : il n'était pas question de se précipiter, car le lendemain soir il devait honorer une promesse faite aux frères de Hanoi.

— Ils veulent que nous donnions une leçon à un mandarin-juge. Nous allons brûler sa maison, ce sera facile, il demeure près de la rue des Marchands-de-Bois. Ensuite seulement nous irons vers la mer.

Hô approuva, non sans évoquer de nouvelles craintes. Lê aussi approuva, mais ne tarda pas à filer. Depuis qu'il avait fini de manger, il tournait dans la paillote comme un ours en cage.

— Il est encore parti jouer ! s'exclama Hô. On va le voir à nouveau tout nu, c'est sûr.

— Que veux-tu, fit Ky, le visage sombre, je lui ai donné sa part de recette. On ne peut tout de même pas le retenir de force.

Le jour suivant, Ky passa une bonne partie de son temps à repérer le chemin menant à la demeure du mandarin, et surtout les endroits où il faudrait passer pour éviter les portes séparant les différents quartiers de la ville, ces portes qui barraient les rues et qu'on fermait le soir.

La nuit venue, les quatre compagnons partirent exécuter leur besogne. Ils marchaient vite dans les rues désertes, attentifs au moindre bruit. Lê portait dans un sac un gros récipient en terre contenant du pétrole. Seuls quelques chiens errants aboyèrent à leur passage. Khiêm ne se sentait pas tranquille du tout.

— Courage, lui souffla Ky. Il ne s'agit que de faire peur à un mandarin.

— Et la peur, ajouta Hô, mène parfois à la sagesse. Comme la sagesse est une bonne chose, finalement c'est un service que nous allons rendre à cet homme.

Ils arrivèrent rue des Marchands-de-Bois où, devant la porte de chaque maisonnette, se trouvaient alignés des billots et des troncs d'arbres d'essences diverses. Ils ramassèrent sans mal de quoi mettre le feu à la maison du mandarin.

Celle-ci se trouvait plus loin, au centre d'un jardin clos d'une haie d'épineux. Aucune lampe ne brillait à l'intérieur, les environs étaient calmes. Lê approcha du portail, saisit les bambous entre ses fortes mains et entreprit d'y ouvrir une brèche.

— Essaie de ne pas faire de bruit, murmura Ky.

Soudain, Khiêm aperçut des ombres

près de la maison, des fusils scintillèrent sous la lune. Il cria :

— Les soldats ! Sauvons-nous !

— J'en étais certain, gémit Hô.

Abandonnant le bois et le pétrole, les saltimbanques se mirent à courir. Il y eut des cris, puis un ordre jaillit ; des coups de feu claquèrent, heureusement sans atteindre personne.

Les soldats se lancèrent un moment à leur poursuite, mais un nouvel ordre les arrêta : la nuit était trop sombre.

Ky et les siens se trouvèrent bientôt à l'abri. Comme personne ne les poursuivait plus, ils décidèrent de rentrer chez eux, tout en échangeant force commentaires :

— Il s'est passé quelque chose, les soldats nous attendaient...

La ville était toujours calme et paisible. Pourtant, en arrivant à proximité de leur demeure, ils s'entendirent interpeller à voix basse. Plusieurs voisins guettaient leur retour, dissimulés sous l'auvent d'une boutique, des gens qu'ils connaissaient peu, mais qui semblaient heureux de les prévenir :

— N'avancez pas plus loin, dirent-ils, des soldats se sont cachés chez vous.

— Trahison, murmura Ky...

Chapitre 10

Ils en avaient parlé tout le temps du voyage, et Ky interrogea Lê avec beaucoup d'insistance. Mais ce dernier jura que jamais, au grand jamais, il n'avait mis ses compagnons de jeu au courant de l'expédition prévue chez le mandarin-juge.

Ky pensa alors que la trahison venait de quelqu'un de l'autre société secrète et se promit de tirer l'affaire au clair dès leur retour à Hanoi. Après quoi, il se sentit heureux d'être vivant et libre, songeant que les amulettes reçues de son chef ne procuraient pas seulement force et courage, mais aussi de la chance.

Cela lui redonna envie de chanter. Sans

qu'il sût pourquoi, c'est la chanson joyeuse du bonze amoureux qui vint à ses lèvres :

Trois jeunes filles ont porté
Du riz à la pagode
Celle au corsage rouge
A ensorcelé le bonze.
Le voilà malade d'amour,
Il s'embrouille dans ses prières,
Il oublie de se faire raser la tête…

Ses camarades riaient, ce qui n'empêchait pas Hô de murmurer à part soi que chanter en ces moments troubles, incertains, n'était pas convenable. Les esprits du ciel risquaient de s'en offusquer, et alors…

Ils étaient arrivés en sampan dans le delta du fleuve Rouge, là où de nombreux cours d'eau sinuent en éventail dans le pays des rizières. Eux avaient suivi le cours principal du fleuve, longeant les villages fortifiés installés sur les berges, leur barque se mêlant aux autres. La navigation reprenait en effet sur le fleuve, même s'il passait souvent des canonnières françaises. Le long du rivage, des pêcheurs, de la boue jusqu'aux genoux, cherchaient crevettes et crabes d'eau douce.

— Comment choisir? se lamentait Hô. J'ai peur des bateaux français, mais si on passe par les voies secondaires, de paisibles pêcheurs, au dernier moment, se transformeront en pirates sans pitié. Gare à nous alors! Ah, le buffle a bien raison de rester sans bouger dans son champ! Il est tranquille.

— Calme-toi, frère, calme-toi, répondait Ky. Nous allons droit devant. Messieurs les génies nous protègent.

Bientôt leur apparut la montagne de l'Éléphant, dressée dans la plaine; Haiphong s'annonçait.

Ils contournèrent la ville en bateau, puis ils abordèrent la partie de la rade où étaient amarrés jonques et sampans, dont la plupart servaient à la fois pour la pêche et comme logement. L'amoncellement des barques formait un prolongement naturel aux berges argileuses couvertes de paillotes serrées les unes contre les autres.

Des bâtiments français occupaient l'essentiel de la rade. Les plus gros devaient attendre les marées pour y entrer et pour en sortir ; le fleuve Rouge continuait plus loin, jusqu'à la baie d'Along… Les bateaux étaient aussi obligés de mouiller au large du port, le faible tirant d'eau les empêchant d'approcher. Dans un va-et-vient continuel, des chaloupes les reliaient aux quais, où s'alignaient hangars et constructions diverses surmontés d'un drapeau tricolore.

C'est d'ailleurs au chargement et au déchargement de ces chaloupes qu'étaient occupés bon nombre de coolies.

— Ça va être difficile de s'en approcher, dit Hô : trop de surveillance. Et même un gardien borgne sait reconnaître le canard parmi les poules.

— En effet, approuva Ky, pour une fois tu vois juste. Il faut trouver un moyen, les soldats français n'ont pas l'air commode.

Quant à Khiêm, il se taisait, écarquillant les yeux, croyant reconnaître son père dans chaque silhouette lointaine.

Les saltimbanques firent rapidement connaissance avec les familles vivant dans les sampans voisins ; on s'échangea des chiques de bétel, et Lê trouva même le moyen d'engager avec deux ou trois autres joueurs une partie de main fermée qui lui coûta ses dernières piécettes.

En discutant, Ky apprit une chose intéressante : hors des enceintes de la ville, dans un bois de palmiers, étaient installés plusieurs théâtres où se produisaient chaque soir des artistes de toute sorte. Même des soldats venaient assister aux spectacles malgré l'interdiction pour eux de sortir d'Haiphong dès la tombée de la nuit.

— Nous irons ce soir, décida Ky. Nous devons gagner notre vie. Mais demain, Khiêm, nous chercherons comment rencontrer des coolies et leur parler.

Le soir, donc, les quatre compagnons se rendirent au bois de palmiers, en passant le long d'une digue construite au-dessus des champs et des terrains vagues que l'eau recouvrait aux marées montantes. La terre dégageait une odeur forte.

La musique s'entendait de loin, tambours, flûtes, guitares... Des lumières scintillaient au milieu des arbres où avaient pris place non seulement des théâtres éclairés par des lampes à huile végétale, mais aussi des marchands ambulants offrant beignets et poissons séchés à une foule de spectateurs venus des environs. Par endroits, des amuseurs publics vêtus de rouge, installés sur une natte, prenaient à partie les passants ; des enfants rythmaient leurs plaisanteries par des coups de gong. On voyait aussi des marionnettes à fils s'agiter entre les planches de leur castelet…

Lê portait sur son dos le fameux panier aux costumes, et Hô le rouleau de décors. Ils s'arrêtèrent près d'une scène où un équilibriste faisait tournoyer des théières à l'extrémité des bâtons pointus qu'il tenait à la main.

— Attendez-moi, commanda Ky, avant de s'en aller du côté des coulisses, simples nattes tendues derrière le théâtre.

Il s'attarda quelque peu, mais, lorsqu'il revint, sa mine était réjouie :

— J'ai eu de la chance encore une fois : je viens de rencontrer un vieil ami avec qui j'ai travaillé longtemps dans les villages de la rivière Claire, du côté de la Chine.

Observant le visage animé de son compagnon, Khiêm se dit que, finalement, il ne le connaissait pas beaucoup, mais qu'il était bien différent des gens de son propre village ; eux parlaient avec pitié et mépris des voyageurs, en les appelant « gens des quatre coins du monde »... Ils avaient peut-être tort de juger ainsi, les voyages de Ky rendaient bien des services.

— Nous allons jouer tout à l'heure et nous serons même payés. Voilà donc notre nourriture assurée pour demain.

Le groupe s'installa dans un coin des coulisses. Lê ouvrit le grand coffre, tandis que Khiêm sentait monter en lui une certaine angoisse : il devait participer au spectacle et manquait d'expérience ; heureusement qu'un masque allait lui couvrir le visage.

Pour commencer, Ky et les siens présentèrent une courte pièce comique, l'histoire d'une femme de la campagne qui avait vu chez un marchand de la ville voisine un peigne admirable, brillant, en forme de lune. Son mari voulut le lui acheter, mais il oublia en chemin qu'il s'agissait d'un peigne et lui rapporta un miroir, objet également brillant, en forme de lune. La femme se regarda dedans, aperçut son visage et s'effraya, croyant qu'il s'agissait d'une autre femme : elle pleura, appela sa mère. Celle-ci non plus n'avait jamais vu de miroir de sa vie… De quiproquo en quiproquo, l'histoire se terminait chez le mandarin-juge, qui faisait donner la bastonnade au mari et chassait tout le monde…

Le public riait de bon cœur, mais il fallait aux acteurs beaucoup de vivacité pour jouer tous les rôles, les uns après les autres, en changeant chaque fois de masque et de voix.

La pièce terminée, Hô fit son numéro d'avaleur de sabre, Ky jongla avec ses balles, Lê lança ses compagnons en l'air, qui firent des pirouettes avant de retomber au sol.

Les spectacles s'arrêtèrent presque en même temps. Il était tard. On éteignit les lampes à huile et les spectateurs commencèrent à se disperser, le plus souvent en groupes. Les marchands ambulants avaient déjà disparu.

L'ami de Ky vint les féliciter tandis qu'ils rangeaient leurs affaires, un petit homme jovial qui paraissait séduit et qui

invita la troupe à se produire tous les soirs si elle le désirait. Il engagea ensuite les saltimbanques à rejoindre Haiphong au plus vite, sans traîner en chemin.

— Bandits et pirates ne sont pas rares dans la région, dit-il, les soldats français ne leur font pas trop peur.

— Dépêchons-nous, approuva Hô avec empressement.

— N'aie crainte, répliqua Ky, nous sommes quatre et Lê compte pour plusieurs.

Il plaisantait n'empêche qu'il pressa le pas lorsqu'ils quittèrent le bois de palmiers maintenant presque désert.

Chapitre 11

Il fallut du temps avant de pouvoir entrer en contact avec les coolies de Haiphong. Du temps, et aussi que le hasard s'en mêle.

Chaque soir, les saltimbanques retournaient au bois de palmiers gagner un peu d'argent ; les autres troupes les avaient adoptés grâce au soutien du vieil ami de Ky, et le public semblait les apprécier, un jeune homme en particulier, émerveillé de voir Hô avaler un sabre. Il revenait régulièrement s'installer au premier rang des spectateurs ; Khiêm finit par le remarquer et engagea la conversation avec lui.

Le jeune homme, un garçon un peu niais, était le domestique, le boy, d'un officier français. Il préparait ses repas, cirait ses bottes, lui servait à boire... Il n'était pas peu fier de son travail, s'y donnait à fond et commençait même à connaître un peu la langue française. Mais, le soir, il venait se distraire en regardant les comédiens...

Ky pensa tout de suite que le boy pourrait leur servir d'intermédiaire :

— Pourquoi ne pas l'utiliser ? Ce serait tellement simple s'il disait à son capitaine qu'il connaît un garçon à la recherche de son père. Ce n'est pas un crime.

— Et alors ? demanda Khiêm.

— Alors, ne crois-tu pas qu'un capitaine a les moyens de savoir s'il y a parmi ses coolies un dénommé Pham, du village des Dix mille bonheurs ?

Khiêm approuva avec chaleur, il n'aurait jamais pensé lui-même à un tel stratagème ! Seulement, lorsqu'il posa la question à sa nouvelle connaissance, le boy réagit mal :

— Tu es fou ! s'exclama-t-il, il faudrait pour cela que je lui avoue mes escapades nocturnes. Et il m'enverrait promener ! En plus, ce n'est pas un homme commode. Je l'entends déjà me crier aux oreilles : « De quoi te mêles-tu ! Va plutôt me bourrer ma pipe, et au trot ! » Non, non, je ne peux faire une chose pareille.

Il ne voulut pas en démordre. Pourtant, après une longue discussion, et plutôt de mauvaise grâce, il finit par accepter que Khiêm interroge le coolie qui lui servait de porteur dans la journée lorsqu'il avait des courses à faire pour son maître. Oui, il utilisait bien un coolie, car, compte tenu de ses fonctions de boy d'un capitaine, il se serait cru déshonoré d'avoir à porter lui-même le moindre fardeau.

Khiêm le remercia très chaleureusement, l'autre se rengorgea. Dès le lendemain, il guetta le boy au marché de la ville.

Son coolie ne savait rien, semblait méfiant. Il promit de se renseigner. Il fallut attendre à nouveau. Au fil des jours, Khiêm perdait confiance…

Mais, un soir, le boy déclara en venant au spectacle qu'il avait du nouveau :

— Mon coolie a peut-être retrouvé ton père, dit-il tranquillement.

Khiêm sauta en l'air devant l'énormité de la nouvelle.

— Seulement, reprit le boy, seulement, ton père est en prison pour avoir voulu se sauver. Comme punition, on va l'envoyer dans le Sud, je ne sais où. Il faudrait que tu reparles avec mon coolie pour avoir plus de détails… Dites, vous ne pourriez pas m'apprendre à avaler un sabre ?

Khiêm était dans un état d'agitation extrême, la tête en feu. Son père était peut-être retrouvé, mais emprisonné, condamné à partir au loin… Il ne pouvait dire un mot cohérent. Par bonheur, Ky n'avait pas perdu ses esprits et il fut convenu avec le boy d'un nouveau rendez-vous au marché.

— Je veux bien t'apprendre à avaler un sabre, dit ensuite Hô à son admirateur, mais je te préviens : si tu fais un faux mouvement, tu meurs…

Le boy, impressionné, déclara qu'il attendrait un peu avant de tenter l'expérience...

Jusqu'à la fin du spectacle, Khiêm ne put se calmer : enfin, il arrivait au but, il allait revoir son père, le faire sortir de prison, le ramener au village ! Il s'y voyait déjà, il imaginait le bonheur de sa mère et des siens, la fierté d'Anh, qui lui dirait : « Je te savais bien capable de vaincre les tigres ! »

Comme chaque soir, le groupe de saltimbanques prit le chemin de la digue pour retourner au sampan de Ky. Celui-ci paraissait heureux, lui aussi. Lê ne disait rien, selon son habitude ; quant à Hô, bien entendu, il prévoyait les plus grandes difficultés pour délivrer Pham :

— Un coup de fusil nous attend. J'espère que notre Société secrète m'achètera un beau cercueil, je l'aurai bien mérité.

— Patience ! répliqua son chef. Sachons d'abord où Pham se trouve ; alors seulement nous pourrons parler.

La digue menait à la ville. Les saltimbanques, eux, devaient la quitter à un certain endroit et couper à travers la campagne jusqu'au port. Les environs étaient déserts, mais désormais personne ne s'en inquiétait plus. Même pas Khiêm, qui, au début, prenait chaque buisson pour un voleur accroupi, chaque branche d'arbre pour un sabre menaçant et chaque trace de brume marine pour l'ombre d'un esprit aux intentions douteuses.

Cette nuit, pourtant, les choses se gâtèrent : tout à coup, des silhouettes jaillirent autour des quatre compagnons, surpris par cette apparition soudaine.

— Attrapez-les ! cria une voix, mais qu'on ne leur fasse aucun mal ! En avant !

— À moi ! répliqua Ky.

Son coup de pied en pleine poitrine fit s'effondrer un des assaillants, mais deux autres lui tombèrent sur le dos pour l'immobiliser. Il se passa la même chose avec Hô et Khiêm, aussi épouvantés l'un que l'autre, mais essayant eux aussi de se défendre. Seul Lê résista plus longtemps, jetant à terre trois ou quatre de ses agresseurs. Pour s'emparer de lui, il fallut l'assommer d'un coup de bambou sur la tête.

Quand les saltimbanques eurent succombé sous le nombre, ils furent ligotés en un tour de main ; un bâillon de toile serré entre les lèvres les rendit muets.

— Debout ! gronda alors la voix de celui qui donnait des ordres. Dépêchons-nous !

Des ricanements moqueurs lui répondirent :

— Aucune raison de se presser, les Français se terrent la nuit…

Les uns poussant les autres, le groupe partit en direction du fleuve. Deux sampans à une voile attendaient à l'abri d'un bras mort ; au loin, on pouvait voir les feux du port de Haiphong.

Avant d'embarquer, Khiêm eut le temps d'observer les hommes qui les entouraient, de solides gaillards vêtus de chemises déchirées et de caleçons courts, pieds nus, les cheveux longs tombant sur les épaules, armés de poignards, de lances, de vieux fusils. Aucun doute, il s'agissait bien de pirates chinois, les écumeurs de la baie d'Along.

Chapitre 12

Poussés par le courant et par un vent favorable, les sampans des pirates avaient atteint la mer en contournant les bancs de sable et de vase charriés par le fleuve. Maintenant, ils prenaient le large en direction des îles de la baie d'Along qu'on devinait dans la brume, au loin, droit devant.

— Quelle malchance, tout de même, répétait Khiêm avec découragement.

Et Hô répliquait invariablement :

— Si tu te jettes à l'eau, ne t'étonne pas d'être mouillé.

Lê restait impassible, comme le plus souvent. Quant à Ky, il regardait les pirates et se demandait comment leur échapper.

Après un long temps de course dans une eau transparente, les sampans arrivèrent à proximité d'un groupe de rochers s'élevant jusqu'à dix, douze mètres au-dessus de l'eau. Les masses de pierre, de couleur gris sombre, avaient leurs sommets couverts d'une maigre végétation. Un bateau attendait là, bien abrité, bien caché. C'était une jonque chinoise, une sorte de long coffre, à la proue relevée portant de chaque côté un grand œil peint, qui, d'après les croyances, permettait au bateau de voir sa route. Sur ses côtés, en guise de bastingage, s'alignaient des grands carrés de bois ornés de figures géométriques peintes ; sa poupe était haute et plate, ses voiles, en paille de riz.

Fatigués de ramer, les pirates des sampans se réjouissaient d'être arrivés à bon port. Ils faisaient de grands gestes, et des cris de bienvenue jaillissaient de la jonque. Les saltimbanques, toujours les mains liées, furent hissés à bord du bateau, accueillis par des railleries et des insultes.

Les marins les firent dégringoler dans

la cale, dont le lourd panneau retomba aussitôt sur leurs têtes.

Il fallut un moment avant que leurs yeux ne s'habituent à la pénombre. Alors, ils virent un amoncellement de corps étendus autour d'eux, soigneusement attachés, des corps qui remuaient à peine, comme endormis. Ils s'en approchèrent en rampant, s'aidant des pieds, des coudes, des épaules...

— On dirait qu'il n'y a là que des femmes et des enfants, constata Khiêm.

— Tu as raison, approuva Ky, les pirates n'enlèvent que les femmes et les enfants sur les côtes, pour les vendre en Chine où on les emploie comme domestiques. J'ai entendu parler de ces pratiques depuis longtemps.

— Mais, objecta Hô, nos pirates sont aveugles, il me semble. Nous ne sommes pas des femmes, et même Khiêm n'est plus un enfant.

— Cela est un mystère, en effet, dit Ky. Il s'éclaircira vite, n'aie crainte.

Khiêm, pendant ce temps, examinait les prisonniers les plus proches, abattus, sans réaction. La silhouette d'une jeune fille le fit penser à Anh, d'autres à ses frères et sœurs. Son cœur se serra. Il essaya de leur parler, de les secouer. N'obtenant aucune réaction, il s'étonna :

— Pourquoi ne bougent-ils pas ? On les entend à peine se plaindre.

— On leur a fait avaler de l'opium pour les engourdir, expliqua Ky.

— Attention ! s'exclama Hô, qu'on ne s'avise pas de m'en donner, à moi ! Je connais : on te promet de beaux rêves, et tu n'as que des nausées et des maux de tête, en réalité.

À ce moment, le bateau se mit à remuer, il retrouvait la mer : bientôt, roulis et tangage se firent sentir. Khiêm ne put retenir un gémissement devant la tournure des événements. Une nouvelle fois, il pensait à son père prisonnier, à sa famille, au village, à son amie. Sa vieille peur le reprenait dans ses griffes. Quel sort allaient lui réserver les pirates ? Sans doute le même que celui des pitoyables prisonniers.

Ce jour-là, pour la première fois, Ky réagit. D'un ton sévère, il ordonna au jeune garçon de se dominer, de ne pas céder au découragement devant l'adversité et de se conduire en homme. Khiêm en fut suffoqué d'étonnement, il eut honte.

Le voyage de la jonque dura des heures. Et puis, à nouveau, le bateau s'immobilisa. Un peu plus tard, l'écoutille se releva, la lumière pénétra dans la cale, où descendirent une douzaine de marins.

À grand renfort de bourrades et de cris, ils entreprirent de réveiller les captifs. Quant aux saltimbanques, ils furent ramenés les premiers sur le pont, qu'ils traversèrent pour descendre à terre, jusqu'à une plage où brûlaient des feux de bois. Tout autour se dressaient des rochers escarpés, en arc de cercle, des rochers bien plus élevés que ceux devant lesquels s'étaient arrêtés les sampans.

— Sommes-nous en Chine? demanda Khiêm.

— Non, je pense que nous n'avons pas quitté la baie d'Along. On m'a raconté qu'on trouve là des îles par centaines.

Décidément, Ky savait tout, avait réponse à tout... On leur ordonna de rester dans un coin de la grève, non loin d'un feu. Des pirates faisaient cuire le riz dans des chaudrons, devant eux passèrent en groupe une trentaine de femmes et d'enfants chancelants, hébétés, attachés les uns aux autres. Ceux-là furent amenés jusqu'à l'entrée d'une grotte qui s'ouvrait dans la muraille à l'extrémité de la plage. Ils disparurent à l'intérieur.

— Les pauvres gens, dit Ky.

Khiêm approuva :

— Ce qui leur arrive est à la fois terrible et injuste.

— Notre aventure aussi finira mal, soupira Hô, c'est plus que sûr.

— Tais-toi.

Et Ky, à voix basse, demanda à Lê s'il arriverait à briser les liens qui lui serraient les poignets. Le colosse essaya et déclara que c'était impossible.

Les pirates s'agitaient autour d'eux, parlaient fort et buvaient sec. Khiêm jugea leur aspect effrayant, mais n'osa pas faire part de ses impressions à ses camarades.

Un peu plus tard, on leur servit à manger. Chacun d'entre eux fut détaché un instant, sauf Lê, dont les Chinois craignaient la force. Ses camarades durent le nourrir. Ensuite, on rattacha leurs cordes et on leur en fixa d'autres autour des chevilles. Le chef des pirates qui les avaient capturés vint les trouver, un homme vigoureux, au visage dur, borgne, ayant sûrement perdu un œil lors d'une quelconque bataille. Il semblait content de lui, et leur annonça qu'il les avait vus se produire au théâtre à Haiphong et que des saltimbanques aussi doués qu'eux lui seraient payés cher par les entrepreneurs chinois de spectacles.

— Ne craignez rien, vous serez bien traités si vous vous tenez tranquilles. Nous partirons d'ici dans deux ou trois jours, le temps qu'arrivent d'autres prisonniers pour compléter notre cargaison.

Sur ce, il les quitta.

— Eh bien, nous voilà fixés sur la raison de notre enlèvement, dit Ky à ses compagnons. Et nous avons deux jours pour trouver le moyen de fuir !

— C'est comme si un crabe cherchait comment voler dans le ciel…, déclara Hô, aussi optimiste qu'à l'accoutumée.

Les pirates s'affairaient toujours sur la grève, beaucoup jouaient aux cartes ou aux dés ; Lê les regardait d'un œil envieux… Les marins sortirent de l'eau les deux sampans accrochés derrière la jonque, et que les vagues remuaient avec trop de force…

— Je me souviens, dit Ky, on m'a raconté l'origine des îles innombrables qui peuplent cette baie. C'est un dragon descendu de sa montagne qui les a faites, un jour qu'il était en colère. Il a frappé le fond de la mer avec sa queue, creusant des trous, soulevant les rochers...

Il se tut, les autres semblaient se désintéresser de son histoire.

La nuit vint, les pirates éteignirent les feux, les marins firent de même sur la jonque, et bientôt le silence s'établit peu à peu. C'est alors que Ky eut une idée.

Le chef des saltimbanques attendit longtemps avant de remuer. Il voulait être sûr que les pirates fussent tous endormis ; ceux-ci n'avaient même pas jugé utile de laisser des sentinelles en faction tant ils se sentaient à l'abri dans leur île rocheuse.

Comme tout à l'heure dans la cale, Ky se mit à ramper, ou plutôt à se tortiller sur le sable en direction du brasier le plus proche. Son plan était simple : se débarrasser de ses liens en les brûlant à l'aide d'une braise, délivrer ses compagnons, s'emparer d'un sampan et profiter de la nuit pour prendre le large. Ensuite on verrait, les bateaux de la baie d'Along n'étaient pas tous des bateaux pirates, l'un d'entre eux viendrait bien à leur secours s'ils n'arrivaient pas à rejoindre seuls la terre ferme.

Encore un effort... Dans les cendres fumantes, des débris de bois achevaient de se consumer. Ky s'allongea sur le dos, avança ses pieds nus et, après quelques tentatives, réussit à repousser un brandon rougeoyant sur le sable.

Alors il se tortilla de nouveau, essayant de placer les liens de ses poignets au contact du feu.

Il n'en eut pas le loisir, un cri jaillit au-dessus de sa tête, tandis qu'il recevait en même temps un vigoureux coup de pied dans les côtes. Un pirate venait de le surprendre ; d'autres accouraient déjà, habitués à des réveils rapides.

À grand renfort de rudes poussées, Ky fut ramené vers ses compagnons. Quelqu'un apporta des cordes supplémentaires, et les prisonniers furent si bien attachés les uns aux autres que toute perspective de fuite semblait désormais impossible. Par-dessus le marché, les pirates promettaient à Ky une volée de coups de bâton pour le lendemain, afin de lui ôter toute envie de recommencer une promenade nocturne sur la grève.

Lorsque les pirates s'éloignèrent, chacun essaya de réconforter le chef des saltimbanques. Hô, lui, le fit avec maladresse, demandant si Ky n'avait pas conservé des amulettes magiques de la Société secrète, car il allait avoir besoin de beaucoup de force et de courage supplémentaires.

Ky ne réagit pas, mais pressa chacun de réfléchir encore au moyen de s'enfuir. Il fallait réfléchir vite, en plus.

Chapitre 13

L'aube se leva, pirates et marins s'éveillèrent, bientôt un attroupement se forma autour de Ky et de ses compagnons dans l'attente de la punition promise. Insultes et gros rires cruels se faisaient entendre.

— C'est ma faute, dit Khiêm, si tu ne m'avais pas accompagné à Haiphong, tu ne serais pas dans cette situation…

— Tais-toi, inutile de revenir sur le passé.

— Tu es un homme bon, Ky, meilleur que les autres. Et tu n'as pas peur. Je voudrais te ressembler…

Deux grands gaillards détachèrent Ky

pour le traîner un peu plus loin. Ils lui arrachèrent sa chemise avant de l'installer sur un rocher, à demi courbé. Un troisième approcha, tenant en main une forte tige de rotin qu'il fit siffler dans l'air. Cris et rires redoublèrent.

Mais alors surgit le pirate borgne qui avait capturé les saltimbanques. Furieux, il cria que si l'on battait Ky on risquait de le blesser de telle sorte qu'il ne pourrait plus jongler, d'où perte de sa valeur marchande. Les autres n'étaient pas d'accord, la dispute dura longtemps. Finalement, le borgne eut gain de cause : Ky fut ramené parmi ses compagnons.

La journée passa vite. À un moment donné, une bande de singes se mit à jeter des pierres sur la plage du haut d'un rocher. Un coup de fusil fit fuir les bêtes, cela ne les empêcha pas de revenir à deux ou trois reprises.

En fin d'après-midi, une rumeur joyeuse des pirates annonça l'arrivée d'une nouvelle jonque, qui approcha de l'île et se glissa jusqu'à la plage entre les écueils à fleur d'eau recouverts d'écume.

— Elle apporte les nouveaux prisonniers annoncés, dit Ky. Cette fois, nous allons bien partir pour la Chine.

En effet, dès que le bateau aborda, des femmes et des enfants descendirent à terre, menés par les pirates. Eux n'avaient pas été drogués ; ils gémissaient, suppliaient, il fallait les pousser pour qu'ils avancent. Le spectacle impressionna les saltimbanques.

Sans attendre, les pirates transbordèrent les captifs dans la première jonque, où les rejoignirent bientôt leurs compagnons de misère qui avaient été enfermés dans la grotte.

— À notre tour, soupira Khiêm.

Mais les pirates ne s'occupèrent pas d'eux.

— Ce sera donc pour demain matin, dit Ky, juste avant le départ…

— Je suppose, avança Hô, que supplier Messieurs les génies du Ciel et de la Terre n'empêchera pas demain matin d'arriver, n'est-ce pas ?

Les autres le regardèrent, surpris.

— Tu as raison.

— Eh bien, en ce cas, il faut que demain matin nous ne soyons plus là. Je vous délivrerai donc cette nuit.

— Quoi !

Ils avaient crié d'étonnement tous les trois ensemble : parler de la sorte ressemblait si peu à leur compagnon… Mais celui-ci, le visage à la fois satisfait et mystérieux, ne voulut pas s'expliquer davantage.

Les pirates mangeaient, rassemblaient leurs affaires, sortaient des ballots de marchandises de la grotte pour les hisser dans la jonque. À un moment, un groupe approcha des saltimbanques, mais ce fut une fausse alerte, il ne s'agissait pas de les mener à bord. Les pirates passèrent seulement près d'eux, se dirigeant vers l'extrémité de la plage pour y relever des pièges à crabes.

La nuit tomba, les feux s'éteignirent comme la veille, le silence s'établit.

Alors seulement Hô remua. Il murmura à ses compagnons de se tenir prêts, puis ne dit plus rien. Il enfonça sa tête dans le sable ; lorsqu'il la releva, il tenait entre ses dents un fort morceau de coquillage. Son corps se tordit alors, sa bouche se posa sur la corde qui le reliait à Khiêm... Plus tôt, l'avaleur de sabre avait trouvé par hasard ce coquillage à la cassure tranchante ; il l'avait caché, et maintenant il s'en servait comme d'un couteau...

Après quelques efforts, la corde se rompit, Hô put alors se rapprocher de Lê. Le colosse comprit ce que son compagnon voulait faire ; il se tourna, levant le plus haut possible ses poignets liés dans le dos. Chacun retenait son souffle, observant dans l'ombre la tête de Hô remuer avec force et régularité.

Lorsque Lê eut les mains libres, le reste fut un jeu d'enfant, toutes les cordes furent tranchées, les unes après les autres.

— À présent, souffla Hô, on fait comme Ky a dit : on met le sampan à l'eau et on s'éloigne au plus vite.

Cela semblait évident, mais Ky s'immobilisa. Après une seconde de silence, il murmura sourdement :

— Nous ne pouvons abandonner les femmes et les enfants.

Khiêm frissonna. Comme ses compagnons, il ne comprenait pas. Puis il se passa quelque chose d'étrange en lui, il releva la tête, regarda le saltimbanque avec admiration et respect, avant d'approuver :

— Ky a raison, dit-il d'une voix ferme. Je pense comme lui.

Ils se dressèrent et suivirent leur chef, sans plus aucune objection.

Combien de marins se trouvaient dans la première jonque, celle où étaient enfermés les prisonniers ? Ils allaient le savoir bientôt. Les saltimbanques s'approchèrent du bateau avec prudence, de l'eau jusqu'à la poitrine. Habitués aux exercices de force et d'adresse, ils se hissèrent sans mal à bord ; Khiêm peina davantage.

L'important était de ne pas faire de bruit, le moindre cri réveillerait la troupe des pirates sur toute l'île et ce serait la fin de la folle entreprise.

Un dernier rétablissement, ils sautèrent en souplesse sur le pont, presque sur le ventre d'un grand gaillard endormi, la face tournée vers le ciel. Lê l'assomma d'un magistral coup de poing…

Sous le grand mât ronflaient deux autres marins. En un tournemain, ils furent mis hors d'état de nuire, attachés, bâillonnés. Un troisième, allongé à l'avant, connut le même sort. Pourtant, à l'approche des saltimbanques, il avait ouvert l'œil, et la bouche pour crier.

L'affaire se corsa lorsqu'il fallut neutraliser quatre marins à la fois, dont le capitaine, couchés l'un près de l'autre dans la cabane bâtie à la poupe du bateau. Les quatre compagnons avaient ramassé des armes en chemin, mais il ne pouvait être question de se jeter sur les pirates et de les tuer à coups de coutelas.

Lê fit signe qu'on le laissât faire. Tenant à la main un morceau de bois, il prit sa respiration et bondit brusquement vers les dormeurs, frappant quatre coups successifs, à une vitesse fantastique. Mission accomplie.

— J'aime mieux être son ami, murmura Hô à voix basse.

Ky le fit taire. Ces marins-là aussi furent attachés. Il ne manquait pas de cordages sur la jonque, et les saltimbanques, prudents, avaient de leur côté amené avec eux les débris de leurs propres liens, enroulés à la taille.

Ils continuèrent à fouiller le pont, sans plus trouver âme qui vive.

— Inutile de descendre dans la cale, dit Ky, personne n'irait dormir là. Voilà une bonne chose de faite.

— Hé ! s'exclama Hô, le plus dur est devant nous. Je suppose que tu veux maintenant lever l'ancre, hisser les voiles et quitter l'île vers la côte. Sais-tu seulement naviguer ? Et comment manœuvrer à nous quatre ? Il faut au moins dix ou quinze marins pour cela.

— Tu as raison, Hô, seulement nous ne sommes pas dix ou quinze. Alors nous couperons l'ancre au coutelas, nous lèverons seulement une voile ; quant au gouvernail, nous ferons pour le mieux…

— N'oublie pas : même si nous prenons de l'avance, dès l'aube l'autre jonque se lancera à notre poursuite et nous rattrapera sans peine.

— Pour cela aussi tu as raison. Mais j'y avais pensé. Écoutez-moi...

En quelques phrases, il donna ses ordres. Khiêm roulait des yeux effarés en l'écoutant. Déjà, il se demandait par quel miracle ils avaient réussi à s'emparer de la jonque. Et Ky en rajoutait encore! À la fin, le chef se tourna vers lui :

— Tu vas m'accompagner, dit-il, cela te fera du bien.

Khiêm obéit sans discuter. Ensemble, les deux hommes quittèrent le bateau, empruntant le même chemin qu'ils avaient pris pour grimper dessus, celui du bastingage.

Ils se retrouvèrent dans l'eau et se mirent à nager en direction de la seconde jonque.

Khiêm avait beau se dire que tout se passerait bien, il n'y croyait pas trop. Seulement, maintenant, il savait qu'il ne reculerait sous aucun prétexte. Comme Ky l'avait fait pour lui, il devait prendre des risques pour les autres...

— Suis-moi, on monte.

Cette fois, ils s'aidèrent du long gouvernail pour escalader le flanc de la jonque et atteindre le pont. Tout paraissait calme à bord, les marins dormaient.

Ky se dirigea rapidement vers un escalier de bois qui grimpait de chaque côté de la cabane arrière, jusqu'à une chambre située au-dessus, à l'extrémité de la poupe. Ce réduit, tapissé de nattes, contenait une statuette en bois représentant la reine du Ciel, patronne des marins, ornée de tissus déployés, entourée d'oriflammes et de rubans. Devant elle brûlait une lampe emplie d'huile.

Khiêm sursauta : Ky attrapait la lampe et mettait le feu aux tissus dans plusieurs endroits de la pièce, puis renversait la lampe sur le sol. Comment allaient réagir les génies ?

Ky semblait s'en moquer. Il dit seulement :

— Aide-moi.

Au-dessus du feu, les deux hommes posèrent les nattes arrachées aux murs, les hampes des drapeaux, tout ce qui pou-

vait brûler pour amorcer l'incendie qui devrait atteindre les panneaux, les escaliers, la galerie, la cabane, le mât arrière et ses voiles en paille de riz…

Khiêm s'activait, comme son compagnon. Il voulut attraper un coffret de bois dur posé sur le sol. Soudain, il sentit le danger, un frôlement proche. Il baissa la tête d'instinct, tandis que la lame du sabre sifflait, s'abattant sur la muraille juste au-dessus de lui. Le sabre prolongeait le bras d'un marin, bien réveillé, qui déjà s'apprêtait à frapper de nouveau, tandis que sa bouche s'ouvrait pour lancer un cri d'alarme !

Khiêm bondit en avant, projetant le coffret de bois sur le visage du pirate ; celui-ci trébucha sous la violence du choc et lâcha son arme. Khiêm l'assomma en lui portant un deuxième coup. Lorsqu'il le vit glisser à terre, ses yeux s'écarquillèrent de surprise : c'était lui qui avait fait cela, tout seul !

— Bravo ! souffla Ky. Tu grandis, petit frère. Viens maintenant.

Chapitre 14

Ils filèrent jusqu'au pont. L'eau fraîche fit du bien au corps brûlant de Khiêm. Il se sentait vaillant, joyeux, mais il se demandait tout de même s'il n'avait pas rêvé son exploit.

Dès qu'il fut remonté à bord de la première jonque, le garçon se retourna. L'autre bâtiment restait une silhouette sombre découpée dans un ciel gris pâle. Aucune lueur ne l'éclairait. Le feu s'était-il éteint ?

Ky fit signe à Hô de couper la corde qui retenait l'ancre à l'avant ; en même temps il rejoignait Lê, déjà installé au treuil servant à hisser la voile du grand mât. Aidés de Khiêm, puis de Hô, les deux hommes réussirent leur manœuvre, la voile se dressa, aussitôt frappée par de bonnes rafales de vent, un vent qui prenait de la force en passant entre les îlots rocheux.

La jonque, par bonheur bien orientée, fit un mouvement en avant, heurta des écueils des deux côtés de sa coque, mais cela n'arrêta pas son début de course. Le bâtiment roula seulement plus fort qu'il n'aurait dû. Ky fit tirer un filin qui tourna légèrement la voile, le bateau prit la mer.

— Et le gouvernail, cria Khiêm, tu sais t'en servir aussi ?

— On va bien voir !

— Je me demande ce qu'on peut voir, objecta Hô, la nuit est si noire qu'on heurterait une montagne sans même s'en rendre compte.

Pourtant, à cet instant, ils aperçurent des flammes qui se levaient près de la grève. L'autre jonque brûlait enfin, le feu avait couvé, il jaillissait maintenant. Alors, ils se mirent à crier de joie, tous ensemble.

Leur situation restait cependant

périlleuse, voguant en pleine obscurité, au hasard, avec une mer houleuse, sur un bateau qu'ils ne pouvaient conduire dans les règles de l'art…

— Khiêm, va détacher les prisonniers dans la cale. Explique-leur qu'ils sont libres, ils vont nous aider.

Encore une bonne idée de Ky ; Khiêm se précipita…

La nuit s'était passée sans encombre. Ils avaient pu hisser les voiles sur les deux autres mâts, utiliser le gouvernail et même trouver le chemin de la côte. Tout cela grâce aux prisonniers, épouses ou enfants de pêcheurs, connaissant les manœuvres d'une jonque pour les avoir pratiquées eux-mêmes.

Par-dessus le marché, la cale contenait un peu de nourriture et des barriques d'eau douce. Que rêver de mieux ? Chacun se réjouissait, surtout les femmes et les enfants, qui avaient abandonné tout espoir depuis leur enlèvement et qui n'arrêtaient pas de remercier leurs bienfaiteurs. Hô en profitait pour raconter à la cantonade leur évasion de chez les pirates, en n'omettant surtout pas le rôle qu'il avait joué. Khiêm savourait toujours sa joie d'avoir agi avec ses compagnons et d'avoir gagné. Il s'imaginait aussi de retour à Haiphong, et se demandait si son père était toujours là-bas, en prison. Pourvu qu'il n'ait pas été expédié dans le Sud, comme on le leur avait laissé entendre…

Ky, lui, chantait, tout en s'occupant de la marche du bateau. Voilà longtemps qu'il n'avait pu le faire, cela lui manquait. Il ne connaissait pas le répertoire des marins et se contentait d'un air entraînant, bien connu dans les villages :

Le mandarin est très pressé,
Le paysan l'est moins que lui.
Si le mandarin est pressé
Il n'a qu'à partir tout seul,
En marchant sur la route,
En nageant dans le fleuve…

Quelqu'un annonça qu'on ne devrait pas tarder à apercevoir le rivage, mais, soudain, c'est un bateau qui apparut à l'horizon, un bateau à vapeur, dont les volutes de fumée montaient dans le ciel en y laissant une traîne grise.

Il s'agissait d'une canonnière française ; bientôt il fut possible de la détailler, avec son drapeau tricolore fixé à l'avant, et surtout ses deux canons, le premier à la proue, le second fixé sur une tourelle presque collée à la cheminée.

Elle approcha rapidement de la jonque, lui barrant la route.

— Faisons semblant de ne pas comprendre, dit Ky.

Il fit légèrement obliquer la marche du bateau. Aussitôt, on entendit une sourde détonation et un obus s'enfonça dans l'eau à peu de distance.

— Amenez les voiles, ordonna Ky. On stoppe, sinon ils vont nous couler.

Ainsi fut fait ; le bâtiment français approcha encore, puis mit à la mer ses deux canots chargés de soldats.

— Nous allons avoir de la visite, soupira Hô, je savais bien qu'après le beau temps il pleut toujours…

Deux minutes plus tard, ils connurent la même sensation que lors de la bataille de Sôn Tay : des soldats les tenant en joue, prêts à tirer au moindre geste.

Le lieutenant des fusiliers marins qui les commandait ne comprenait pas trop bien leurs explications, ni même ce qu'il voyait de ses propres yeux : cette jonque était un bateau pirate, à n'en pas douter. Seulement, en fait de pirates, ses hommes n'en avaient trouvé qu'attachés au fond de la cale. Et leurs prisonniers semblaient libres…

— Les femmes disent que ces quatre-là étaient prisonniers aussi, qu'ils ont fui tous ensemble…

L'interprète traduisait du mieux qu'il le pouvait, indiquait la région où avaient opéré les pirates, précisant les détails, souvent dans le désordre.

— Et ceux-là ?

— Ce sont des artistes ambulants, ils ont été enlevés à Haiphong.

— Bon, on va ramener tout ce beau monde au port, les chefs décideront.

C'est avec satisfaction que Ky et ses

compagnons virent les fusils braqués s'abaisser. L'interprète les invita à reprendre leur place, la jonque repartit.

— Tu crois qu'ils vont nous libérer une fois à terre? demanda Khiêm.

— Je le pense. Et nous allons pouvoir nous occuper à nouveau de ton père.

Khiêm hocha la tête, plein d'espoir, mais Hô s'empressa de donner un avis différent:

— Fous sont ceux qui croient avoir franchi l'obstacle avant même d'avoir sauté par-dessus! Comment sais-tu ce que les Français feront de nous?

Les bateaux profitèrent de la marée montante pour s'engager dans l'embouchure du fleuve Rouge et remonter jusqu'au port de Haiphong.

Lorsque la jonque s'amarra au quai, les passagers descendirent, escortés par des marins en armes. Khiêm ne pouvait s'empêcher de regarder les coolies autour de lui, portant chacun sur sa chemise un petit carré de tissu blanc sur lequel étaient inscrits un numéro et une lettre désignant le service auquel il était attaché…

Les saltimbanques furent conduits devant les militaires, à qui il fallut raconter à nouveau leur histoire. Les officiers interrogèrent aussi les femmes, et les pirates faits prisonniers. Cela prit du temps, les Français se montrant plus que méfiants. Mais l'affaire se termina au mieux pour Ky et les siens, par une libération immédiate, et des félicitations par-dessus le marché.

— Il faut profiter de ces bonnes dispositions, souffla Ky à ses camarades. Parlons-leur directement de Pham.

Avec l'aide de l'interprète, il raconta l'histoire de Khiêm à la recherche de son père. Il dit que Pham n'était pas un complice des Pavillons-Noirs, la preuve, c'est qu'il leur avait échappé à Sôn Tay, avant la bataille. Il fallait maintenant lui permettre de retourner au village des Dix mille bonheurs, les capitaines français devaient le comprendre.

Bien entendu, les officiers n'avaient jamais entendu parler de Pham ; l'un d'entre eux fut chargé de se renseigner, les autres s'en allèrent.

Les saltimbanques restèrent seuls un bon moment, mal à l'aise dans cette salle meublée à l'européenne, avec tables, chaises et armoires de rangement, des drôles de tableaux aux murs, en fait des cartes géographiques…

Enfin, l'officier revint avec le traducteur, un papier à la main. Pham figurait sur ses listes, il avait bien été condamné à un an de bagne pour tentative de fuite. Actuellement, il se trouvait à Hanoi dans l'attente d'un départ collectif vers le Sud. Cependant, compte tenu de l'action d'éclat de son fils, l'officier avait rédigé une lettre demandant aux autorités militaires de le relâcher. Voilà, et qu'on se le dise : les Français étaient les amis des Tonkinois, et ceux-ci allaient être heureux sous l'administration française qui les débarrasserait à jamais des pirates et des Chinois.

— Sur ce, je vous ai assez vus, rompez !

Les saltimbanques saluèrent de nombreuses fois, mains jointes à hauteur de la poitrine. Ils sortirent à reculons.

Une fois dehors, Hô cria :

— Ton père est comme une puce, Khiêm : tu crois l'attraper sur ton bras, elle est déjà sur ta fesse.

— Tais-toi, rectifia Ky, nous n'avons jamais été aussi près du but.

— En apparence, peut-être ; tu vas voir qu'ils l'auront envoyé ailleurs lorsque nous arriverons à Hanoi.

— Partons vite, dit Khiêm, le regard brillant, plein d'énergie.

Lê, seul, n'ouvrit pas la bouche. Cela n'étonna pas ses compagnons. Mais, s'ils l'avaient regardé à ce moment-là, ils auraient remarqué une lueur de contrariété dans ses yeux à l'idée de retrouver Hanoi.

Chapitre 15

Ils arrivèrent à Hanoi alors que la nuit allait tomber. Trop tard pour se lancer tout de suite à la recherche de Pham. Où le chercher, d'ailleurs ? Un homme pourrait les guider, l'aide-cuisinier, membre de leur Société secrète.

— Mais d'abord, dit Ky, on va laisser le sampan comme l'autre fois.

Ils allèrent donc chez un pêcheur ami, lui aussi membre de la Société. Le pêcheur était absent, mais sa belle-fille fit mettre le bateau à l'abri.

Ils quittèrent le faubourg pour entrer dans la cité. L'aide-cuisinier habitait une rue marchande ; la paillote familiale était située dans le prolongement de la boutique de fruits et légumes tenue par son frère.

L'homme parut surpris en voyant arriver les saltimbanques. Il leur fit pourtant bonne figure, leur offrit des chiques de bétel et aussi de quoi se rafraîchir. Les membres de sa famille se retirèrent, les laissant seuls.

Ky raconta leur voyage à Haiphong ; l'homme hochait la tête en l'écoutant, sans faire aucun commentaire. À la fin, il leur conseilla seulement de prendre contact avec les autorités françaises, à la concession, près du fleuve... En son for intérieur, Khiêm était étonné du peu d'enthousiasme manifesté par l'aide-cuisinier, qui n'avait aucun mot pour les féliciter, montrer son contentement. Ky devait penser la même chose, aussi il arrêta son récit et demanda seulement l'hospitalité d'une nuit pour lui et ses compagnons.

L'aide-cuisinier hésita. Il proposa à Ky un meilleur refuge que sa propre maison. Mais, d'abord, il lui fallait s'assurer de sa disponibilité ; que les saltimbanques l'attendent, il allait revenir tout de suite et les conduire.

Il sortit rapidement, un sourire aux lèvres, affirmant que tout s'arrangerait.

— C'est curieux, murmura Ky à ses compagnons, il a une drôle d'attitude. Des ennuis, sans doute. Mais je le connais depuis longtemps, il est honnête, dévoué, nous pouvons lui faire confiance, j'en donnerais ma tête à couper.

— Hé, répliqua Hô, sois prudent, chacun d'entre nous n'a qu'une seule tête. Et je n'ai jamais entendu dire qu'on peut recoudre une tête coupée.

Sur ce, Lê se dressa.

— Je vous laisse, dit-il, on se retrouvera demain. Ici, on me dira bien où vous êtes.

Déjà, il filait vite, comme d'habitude, pour ne pas entendre les réflexions de ses amis.

— Ça le reprend, dit Hô, il a besoin de jouer pour vivre, comme le riz a besoin d'eau pour pousser.

L'aide-cuisinier revint bientôt, l'air plus serein que tout à l'heure.

— Tout va bien, dit-il, la cachette est libre, suivez-moi… Mais… où est Lê ?

La réponse sembla le contrarier, mais qu'y faire ? Les quatre hommes sortirent et traversèrent un dédale de ruelles sombres. Après un temps de marche, l'homme les fit entrer dans une cour au bout de laquelle se dressait une vieille pagode.

— Le bonze est un ami. Il nous attend.

L'aide-cuisinier frappa à la porte d'entrée. Celle-ci s'ouvrit aussitôt. Ils entrèrent dans une salle obscure, la porte se referma derrière eux.

Tout à coup, des lumières apparurent, de plusieurs côtés à la fois. La salle était pleine d'hommes armés de coutelas et de sabres, plus de vingt sans doute, qui entourèrent en un instant les nouveaux arrivants.

— Que personne ne résiste, vous êtes pris !

C'était un guet-apens. Hô ne put s'empêcher de murmurer, en dépit de la situation :

— Ky, as-tu toujours ta tête sur tes épaules ?

— Avancez !

Encadrés par les hommes menaçants, ils obéirent.

— Installez-vous et taisez-vous ! Il faut attendre.

Ils s'accroupirent sur le carrelage de brique, cherchant en vain à comprendre ce qui leur arrivait là, pourquoi leur ami, l'aide-cuisinier, les avait livrés, et à qui ? L'attente dura longtemps, sans qu'ils puissent seulement bouger. Au moindre mouvement, la pointe d'un coutelas s'appuyait sur leur flanc.

Enfin, un bruit de pas se fit entendre. Sortant de l'ombre parut un vieil homme portant une fine barbe, et Ky reconnut le marchand de canards qu'il avait rencontré au marché avant leur départ pour Haiphong, le chef de l'autre société secrète de la ville. Son visage s'éclaircit, il s'exclama :

— Frère ! Quelle joie de te voir.

— Ne m'appelle pas frère, je n'en suis pas un pour toi. Mon nom est Nguyen. Et ne me parle pas de joie. C'est la peur qui doit être en toi, parce que je t'ai démasqué, retrouvé, et que tu vas payer tes crimes.

— Mes crimes ! Je ne comprends pas. De quoi parles-tu ?

— Je vais te le dire, puisque tu as perdu la mémoire. Souviens-toi : tu devais brûler la maison d'un mandarin vendu aux Français. Tu ne l'as pas fait et tu t'es sauvé avec les tiens.

— Les soldats étaient là, on les avait prévenus…

— Je ne te le fais pas dire. Dès que tu es parti, les policiers ont arrêté deux des nôtres, justement ceux qui t'avaient mis en contact avec moi ; j'ai failli être arrêté moi-même. Les choses sont claires, non ?

— Ce n'est pas ma faute, rien n'est ma faute !

— Tu as fui.

— Oui, mais justement parce que les soldats étaient à nos trousses.

— Ils faisaient semblant, plutôt. Nous trouvons curieux qu'ils ne vous aient pas arrêtés. Ni près de la maison du mandarin, ni dans votre propre demeure.

— Nous avons eu de la chance, des voisins nous ont prévenus...

— L'explication est trop facile. Tu es un traître, Ky, tes compagnons sont tes complices, et les traîtres doivent payer. Chaque société secrète prévoit la mort pour les traîtres, par la Terre et le Ciel, les esprits et les démons ! Amis, fouillez-les, attachez-les, enfermez-les dans une cellule de bonze, demain matin on leur tranchera la tête !

Les hommes empoignèrent les saltimbanques. En fouillant Khiêm, ils trouvèrent sur lui la lettre donnée par l'officier à Haiphong, concernant Pham. La lettre fut remise à Nguyen. Ce dernier connaissait la langue française, il s'approcha d'une lampe pour la lire.

Après quoi, il eut un petit rire satisfait :

— Voilà la preuve de votre crime, dit-il. Les Français vous récompensent en libérant le père de ce garçon, c'est écrit en toutes lettres.

— Mais non ! répliqua Ky. Ils libèrent Pham parce que nous avons lutté contre les pirates.

— Assez ! Tes explications sont de moins en moins vraisemblables. Qu'on les emmène !

Ainsi fut fait. Mais ils n'étaient pas encore arrivés au fond de la salle qu'un homme surgit par la porte d'entrée.

— Alerte ! Les matas* et les soldats arrivent.

Nguyen leva les bras pour faire taire le grondement naissant.

— Du calme ! Tout est prévu. Que le groupe de protection se mette en place avec les fusils. Quelques coups de feu nous

* Mata : policier indigène.

laisseront le temps de fuir. Que les autres me suivent avec les prisonniers.

Dans le corridor de la pagode, une pierre tourna sur elle-même, découvrant l'entrée d'un souterrain. Ky, Khiêm et Hô descendirent des marches puis s'engagèrent dans un boyau obscur. Des pointes de coutelas les faisaient se presser…

Ensuite, il fallut remonter un escalier glissant qui aboutissait dans un jardin. Les saltimbanques eurent les yeux bandés, et la marche reprit un bon moment encore.

Enfin, le groupe s'arrêta et l'on fit

entrer les saltimbanques dans un lieu qui sentait l'humidité. On leur enleva leurs bandeaux.

— Regardez à votre aise, leur dit Nguyen en caressant sa fine barbe, vous êtes dans une autre pagode. Nous ne manquons pas de cachettes, vous savez. On va vous enfermer cette nuit, comme prévu, et demain matin vous aurez bien la tête coupée…

Chapitre 16

Lê avait hésité un bon moment, mais c'était plus fort que lui ; après avoir quitté ses compagnons, sans même s'en rendre compte, ses pas le guidèrent jusqu'au bouge où il avait joué si souvent lorsque les saltimbanques se trouvaient à Hanoi.

Ses partenaires semblaient ne pas avoir bougé de place depuis. Phuc, en particulier, qui souriait tout le temps. Il s'exclama à sa vue.

— Te voilà donc !

— Oui… On joue ?

— Attends, bien sûr que nous allons jouer, mais, d'abord, j'ai besoin de toi, je t'attendais.

— Non. J'ai payé ma dette, c'est fini.

— Nos amis n'en sont pas convaincus. Accompagne-moi, et sans te faire prier encore. Tu as besoin de protection. Souviens-toi de ce que je t'ai dit un jour : derrière le dos du juge, on ne craint pas le bourreau.

Le colosse suivit Phuc, qui marchait vite, en sautillant. Un instant, il pensa le saisir et l'étrangler, ainsi il serait débarrassé de lui. Il n'en fit rien, et ils arrivèrent ensemble à un poste de matas où se trouvaient nombre de policiers, vêtus de pantalons blancs et de chemises noires à liserés jaunes, armés de fusils et de sabres courbes.

Phuc connaissait bien leur chef :

— Voilà Lê, lui dit-il, celui qui a dénoncé les membres de sa société secrète pour payer ses dettes de jeu. Il vient d'arriver avec ses amis ; ils t'ont échappé l'autre fois, aujourd'hui tu peux les prendre. Lê va nous dire où ils se trouvent.

Le colosse refusa d'abord, puis finit par céder devant des menaces précises.

— Ils sont chez l'aide-cuisinier qui travaille pour l'armée française.

— Ça va, dit le policier, celui-là, il a des espions aux trousses depuis que tu nous as parlé de lui. On va pouvoir arrêter tout le monde à la fois maintenant. Les Français insistent pour que nous fassions la chasse à leurs ennemis.

Et c'est ainsi que les matas se préparèrent à intervenir, bientôt renforcés par un détachement de soldats.

Contact fut pris avec les espions. L'un d'entre eux avait suivi l'aide-cuisinier et les saltimbanques jusqu'à la pagode abandonnée, il allait justement prévenir ses collègues qu'il se tenait là-bas un rassemblement mystérieux. On ne pouvait choisir un meilleur moment pour lancer le grand coup de filet.

Matas et soldats se mirent en route dans la nuit, à pas pressés. Arrivés à destination, ils encerclèrent le bâtiment silencieux.

— En avant!

Ce fut l'assaut, aussitôt arrêté par une

fusillade. Les militaires s'écrasèrent au sol ou se mirent à l'abri des murs.

— Ripostez ! Feu !

D'autres coups de fusil se firent entendre, tirés au jugé par les militaires.

Le silence s'établit ensuite de nouveau. Personne ne bougea jusqu'à l'arrivée d'autres policiers portant un lourd madrier de bois.

— En avant !

Matas devant, soldats derrière, le deuxième assaut permit d'entrer dans la pagode, sa porte enfoncée par le bélier. Cette fois, il n'y eut aucune réaction, la pagode était déserte ; elle fut fouillée longtemps, sans succès, afin d'en découvrir les issues secrètes.

L'aube se leva. Ky, Khiêm et Hô se réveillèrent après une bien triste nuit. À vrai dire, ils ne réalisaient pas exactement ce qui allait se passer maintenant, cela semblait si absurde ! Ky demanda à parler au chef de la société secrète ; on lui répondit que ce dernier n'était pas encore arrivé, mais que l'exécution n'aurait lieu qu'en sa présence.

— Il ne nous reste plus que cet espoir, souffla Hô : qu'il se casse les deux jambes en chemin, et le cou par-dessus le marché. Ainsi, il ne viendrait pas. Tiens, les officiers français galopent en pleine rue avec leurs chevaux, un accident est si vite arrivé, et on peut même glisser tout simplement sur une épluchure.

— Te voilà bien optimiste, pour une fois, dit Ky.

— Eh ! c'est parce que je n'aurai plus jamais l'occasion de l'être lorsque ma tête sera coupée.

En attendant, on amena les trois prisonniers dans une salle où le bourreau se trouvait déjà, son large et lourd sabre posé sur une pierre.

La mort s'annonçait. Khiêm pensa à ses parents et à son amie Anh avec infiniment de tendresse. Puis il dit à ses compagnons :

— Je devrais avoir peur, mais on dirait que la peur n'est plus en moi depuis que nous avons fui l'île des pirates. Je suis seulement triste. Pourtant, j'aurai confiance jusqu'au dernier instant.

— La peur est chose normale, répondit Ky.

— Je te crois, interrompit Hô, à en juger par ce que je ressens…

— En tout cas, reprit Khiêm, je suis content de vous avoir connus.

Tandis que les saltimbanques parlaient ainsi entre eux, Nguyen, le chef de la société, arrivait à la pagode, escorté par plusieurs gardes du corps.

— Tout va bien? demanda-t-il.

— Tout va bien, répondit le responsable des lieux. L'un des condamnés a quelque chose à te dire, et aussi notre frère qui commandait hier le groupe de protection à la première pagode.

— Très bien, celui-là je le verrai tout à l'heure, après l'exécution.

— Il a insisté pour te parler tout de suite, dès ton arrivée.

— Ah… Où est-il?

— Dans la pièce voisine…

Nguyen s'y rendit et les deux hommes se saluèrent.

— Qu'as-tu de si urgent à m'apprendre ? Je sais déjà que vous avez tous réussi à fuir après avoir retardé les policiers et les soldats français.

— En effet. Mais, cette nuit, j'ai eu la visite d'un des nôtres, tu sais, celui que nous avons fait entrer chez les matas. Il était désolé de n'avoir pu nous prévenir de l'attaque contre la pagode, cela s'était décidé trop vite. Mais, en revanche, il a vu et entendu le vrai traître. C'est Lê, le quatrième saltimbanque, et lui seul. Il s'est vendu à la police pour payer ses dettes de jeu. Il a dénoncé ses propres frères et révélé l'expédition contre le juge-mandarin ; il a aussi donné le nom de ceux d'entre nous qu'il connaissait… Hier, il était avec les soldats à la pagode, aujourd'hui, il se terre parmi eux, il a peur… J'ai tout vérifié, tu peux me croire…

Lorsque Nguyen entra en triturant sa barbiche dans la salle où les prisonniers l'attendaient, Hô était en train de se plaindre aux gardiens, disant qu'il ne voulait pas mourir avant d'avoir choisi son cercueil, chose de première importance, comme chacun le sait.

Mais, soudain, il comprit qu'il n'allait pas mourir, car le chef de l'autre société secrète s'approchait de Ky, le saluait très bas, lui souriait d'un grand sourire, s'excusant de s'être trompé si grossièrement ; il demandait aussi qu'on ôtât les liens de chacun et ordonnait au bourreau de quitter les lieux…

Hô poussa un énorme soupir de soulagement ; il ne fut pas le seul.

En revanche, il eut beaucoup de peine, comme Ky et Khiêm, en apprenant la trahison de leur compagnon. Ils le connaissaient depuis si longtemps, ils avaient partagé ensemble tant d'aventures… Hélas, les hommes se laissent entraîner, ils peuvent changer selon les circonstances…

— Frères, il faut que vous partiez très vite. Voici la lettre des officiers de Haiphong, allez faire libérer Pham avant que les Français n'apprennent que l'on vous recherche… Je ferai prévenir vos amis, l'aide-cuisinier en particulier. Autre chose : n'essayez pas de reprendre votre sampan, il paraît que Lê a dit aussi où vous l'aviez caché, des soldats vous attendent là-bas.

Il y eut nombre de saluts échangés, des vœux, des remerciements, des promesses, puis les saltimbanques partirent en courant vers la concession française.

Chapitre 17

Jour de fête au village des Dix mille bonheurs, où les habitants célébraient en même temps le retour du printemps et celui de Pham. Les femmes préparaient le festin qui devait se tenir près du temple dédié aux génies des cinq éléments et qui scrait suivi par un spectacle théâtral rappelant les exploits du protecteur reposant dans sa pagode, vainqueur jadis de Monsieur le Tigre puissant. Plus tard, on brûlerait aussi en grande pompe des symboles en papier pour repousser épreuves et maladies…

En attendant un orchestre d'aveugles jouait. Leurs guitare, tambour et castagnettes rythmaient des airs vifs, entraînants, qui faisaient battre plus à l'aise le cœur des paysans.

Pham, épanoui entre sa femme et sa mère, entouré de ses enfants, racontait pour la dixième fois ses aventures depuis sa fuite de Sôn Tay. Il avait échappé par miracle aux Pavillons-Noirs et aux soldats français en pleine bataille, mais une patrouille de tirailleurs l'avait arrêté plus loin sur un chemin de rizières et ramené à Hanoi. Oui, les Français manquaient de porteurs ; sans lui demander son avis, on lui avait mis à l'épaule un bâton avec un panier à chaque extrémité, et il avait marché de longues semaines, suivant les troupes, à droite, à gauche, jusqu'à Haiphong. Seulement, il n'avait toujours qu'une idée en tête : rentrer au village, retrouver les siens. Alors il s'était enfui à la première occasion, mais on l'avait rattrapé par malchance, et condamné au bagne.

Et Pham glorifiait son fils et les saltimbanques de l'avoir cherché si longtemps et finalement délivré.

Bien des villageois se pressaient autour de lui ; Khiêm se réjouissait, surtout qu'à chaque instant il sentait à ses côtés la douce présence d'Anh, souriante. Les autres jeunes filles plaisantaient leur amie, sa propre mère fronçait les sourcils de la voir sans cesse tourner autour du garçon. Anh n'y prêtait aucune attention, Khiêm était de retour, cela seul comptait !

Non loin du temple avait lieu un combat de coqs, plus loin une course de pigeons. Mais c'était le jeu de la chèvre qui attirait le plus grand nombre de spectateurs, avec Hô comme héros. On avait bandé les yeux de l'homme avant de l'introduire dans une petite piste close où il devait attraper une chèvre en liberté. La piste était parsemée d'obstacles, flaques d'eau, trous, pieux dressés. De plus, la chèvre se défendait de son mieux, bousculant Hô et se sauvant sans cesse.

La foule riait, le saltimbanque aussi.

— La dernière fois, criait-il, c'était le même jeu, mais dans la mare, avec un cochon.

Les femmes mettaient de côté les

meilleurs morceaux pour les offrir aux ancêtres défunts ; il était temps de commencer le repas. C'est alors qu'un son de corne se fit entendre, l'appel des guetteurs du village annonçant un danger.

Aussitôt, les jeux, les conversations, les préparatifs s'interrompirent et la foule inquiète des villageois se porta en masse vers la porte d'entrée principale.

Là, ce fut l'angoisse, car une forte troupe de soldats approchait, des tirailleurs annamites menés par des officiers français à cheval.

Un instant, personne ne sut que faire : fuir, résister, ouvrir la porte ? Les idées les plus folles étaient lancées. Mais les anciens crièrent, la porte fut fermée, seuls quelques hommes montèrent au-dessus du retranchement dans le mirador pour parlementer avec les soldats.

Pendant ce temps, Ky avait déjà réagi et retrouvé Hô. Il rejoignit Khiêm en courant.

— Il faut partir, dit-il, nous avons cru à tort que les Français ne nous rechercheraient pas.

— Je reste ici, décida Khiêm, c'est mon village, c'est là que je dois être. Peut-être pourrais-je m'y rendre utile ?

Ky regarda son ami, le vit résolu, déterminé. Il lui sourit.

— Tu prends un risque, frère, mais c'est à toi de savoir comment agir… Nous, nous allons dans le Nord, au bord de la rivière Claire, tu sais qu'on nous connaît là-bas. Dis-nous comment sortir du village.

— Venez !

Khiêm guida ses compagnons à l'opposé de la porte d'entrée, vers un endroit de la haie préparé tout exprès depuis toujours pour de semblables circonstances. Une trouée y avait été aménagée, il suffisait de passer au travers, de se glisser parmi les bambous hérissés, et on se retrouvait de l'autre côté du retranchement.

— Faites attention, dit Khiêm. Ça pique et ça coupe.

— Eh oui, un porc-épic n'a jamais la peau douce, répliqua Hô. Apprêtons-nous à souffrir.

Les adieux furent brefs mais d'une chaleur intense. Khiêm remercia ses amis pour la dernière fois, et Ky lui dit seulement en réponse :

— Je te fais confiance, tu trouveras ton propre chemin.

Les saltimbanques disparurent après un dernier geste d'au revoir.

Khiêm remit en place le bois qui cachait le passage secret. Il ne réalisait pas encore le brusque départ de ses compagnons, ni le fait qu'il ne les reverrait peut-être jamais.

Comme il achevait sa besogne, il entendit une explosion violente, suivie de plusieurs autres. Il se mit à courir, le bruit venait de l'entrée du village.

Là-bas, la conversation entre villageois et soldats n'avait duré qu'un instant :

— Que venez-vous faire chez nous, militaires ?

— Ouvrez la porte ! avait seulement répondu l'interprète. Sinon, nous entrerons de force.

Sans attendre, un officier cria un ordre et une première charge de dynamite enfonça le portail. À l'intérieur, les paysans reculèrent. Il n'était pas question de se défendre avec seulement des sabres et des couteaux contre une troupe armée de fusils.

La porte finit par s'effondrer, les soldats se précipitèrent. Un seul coup de feu contre eux aurait provoqué un massacre.

Des tirailleurs rassemblèrent la population près du temple. D'autres commencèrent à fouiller les paillotes. Face aux paysans se tenaient les officiers, toisant la foule. Parmi eux, Khiêm reconnut Lê, le visage sombre. Il se crut perdu, car il était trop tard pour se cacher maintenant.

Les tirailleurs, n'ayant trouvé personne dans les demeures, revenaient les uns après les autres. Lorsqu'ils furent tous réunis, l'interprète prit la parole :

— Nous sommes à la recherche de trois malfaiteurs, membres d'une société secrète, des hommes dangereux, des responsables, sans doute, car ils transportaient dans leur bateau des liasses de papiers marqués du sceau de leur organisation. Ils essaient de dresser les gens contre nous, ne les protégez pas… Parlez franchement : les connaissez-vous ? y a-t-il des voyageurs arrivés ces derniers jours dans ce village ? où sont-ils ?

L'interprète donna encore les noms, des détails sur Ky, Hô et Khiêm, puis attendit une réponse. Personne parmi les paysans ne semblait savoir quoi que ce fût, personne ne souffla un seul mot.

Alors Lê avança, se mit à parcourir les rangs des villageois, les fixant l'un après l'autre. Il passa devant Pham et Khiêm, qui le regardèrent en face sans baisser les yeux. Lê continua son chemin, ne leur prêtant aucune attention, puis, ayant terminé son parcours, il revint vers le groupe des officiers.

— Je n'ai reconnu personne, murmura-t-il d'une voix sourde.

— Je m'en doutais, dit l'officier principal.

Il se pencha sur l'encolure de son cheval vers l'interprète, qui reprit la parole un instant après :

— Les malfaiteurs étaient parmi vous, ils se sont enfuis, nous ne sommes pas

dupes. Le village mérite d'êtrc puni. Sachez qu'on n'échappe pas à notre justice !

Il y eut une vague d'effarement et de peur chez les paysans : des tirailleurs repartaient en courant aux quatre coins du village et commençaient à y mettre le feu, paillote après paillote, non sans les piller au préalable.

« Personne ne mourra par ma faute », se dit Lê avec une triste satisfaction. Il pensa à ses compagnons, à leurs conseils fraternels. Pourquoi ne les avait-il pas suivis ? En tout cas, même s'il possédait de l'argent à présent, il s'était juré de ne plus jamais jouer, à n'importe quel jeu.

Chapitre 18

Des mois avaient passé, déjà des paillotes neuves se dressaient dans le village des Dix mille bonheurs, construites aux dates précises fixées par les devins, et orientées dans les directions favorables indiquées par eux. La première récolte de riz de l'année avait été faite ; pourtant, certains paysans parmi les plus pauvres étaient partis chercher ailleurs de quoi vivre, en dépit de la guerre qui continuait du côté de la Chine, et dont on avait des nouvelles de temps à autre.

Des mandarins à bouton bleu, dirigeants de la province, étaient venus au village pour annoncer que le Tonkin ne faisait plus partie du royaume d'Annam, que les Français étaient désormais les maîtres. Pour l'instant, beaucoup comprenaient mal ce que cela voulait dire ou même n'écoutaient que d'une oreille. Les mandarins à bouton bleu n'étaient pas tellement aimés, car le proverbe le dit bien : « Le peuple plante, le mandarin moissonne. » Alors, qui peut aimer celui qui moissonne à sa place ? Et qui peut écouter celui qu'il n'aime pas ?

D'autres paysans réagissaient autrement à ces événements. Voilà pourquoi, ce soir-là, un oiseau siffla dans le jardin ; Pham sortit de la maisonnette et suivit une ombre qui lui montrait le chemin.

L'ombre le mena jusqu'à une paillote isolée. Il entra. On l'attendait, des amis, des paysans de connaissance, rassemblés autour d'un autel dédié à un génie du ciel. Il s'agenouilla, but une gorgée d'alcool et passa la tasse à son voisin…

Ensuite, il entendit une voix bien connue, celle de son fils Khiêm, qui annonçait à l'assistance que son père désirait devenir membre de la Société secrète.

Personne ne s'y opposa, et Khiêm récita le serment de fidélité : « Nous jurons de nous unir pour agir en faveur de notre pays... Je partagerai bonheur et malheur avec mes frères... Nous voulons chasser nos ennemis... Cette terre est la nôtre, seulement la nôtre... »

Pham jura, fier de répondre à son fils devenu un homme, et Khiêm se sentit plein de joie et d'orgueil. Alors, l'image des saltimbanques passa devant ses yeux. Son cœur se serra, il aurait tant voulu que Ky soit près de lui à cet instant...

Khiêm se réveilla très tôt le lendemain. Sans faire de bruit il alla s'accroupir au seuil de la maison. Au loin, on entendait coasser des grenouilles aux timbres puissants. Dans le fond du jardin, il vit grand-mère qui revenait de sa baignade matinale. Elle s'assit, fine dans sa robe noire, et entreprit de peigner ses cheveux, longuement, à l'aide de son peigne d'écaille... Rien n'avait changé, rien ne changerait jamais en dépit des apparences, ni grand-mère, ni le village, ni les rizières, ni le pays.

Khiêm entendit alors la voix d'Anh, dont le nom signifie « lumière ». Elle chantait doucement pour lui seul dans le jardin voisin :

Profitons des jours et des nuits,
Hâtons-nous de jouir de la belle saison...

Le garçon se leva. Quel bonheur qu'Anh existe et qu'elle soit son amie ! Il aimait sa présence, sa façon de rire et les mots qu'elle disait. Elle avait su l'encourager jadis...

Mais soudain l'éclat d'une deuxième voix frappa son oreille :

— Quand la tourterelle roucoule, le pigeon n'entend aucun autre bruit. Tu peux toujours parler, Ky, il est sourd !

Il se tourna brusquement, le visage illuminé. Ky et Hô lui faisaient face, souriants, bras tendus.

Postface

Il nous a paru bon de donner à ceux que cela intéresse quelques renseignements complémentaires sur le cadre dans lequel se déroule l'action de ce livre, épisode romancé de la conquête du Viêt-nam par la France – cette conquête qui s'inscrit dans la volonté générale des nations européennes du XIXe siècle de se créer un empire colonial, source de richesses et de débouchés commerciaux.

L'empire du Viêt-nam (empire d'Annam) fut réunifié par l'empereur Nguyen en 1802, après des siècles de luttes intérieures et d'invasions, chinoises principalement. Cet empire comprenait, outre l'Annam (région du centre, capitale : Huê), la Cochinchine (région sud du Viêt-nam, capitale :

Saigon) et le Tonkin (région nord du Viêt-nam, capitale : Hanoi).

La Cochinchine appartenait jadis à l'empire des Khmers (Cambodge). Elle fut progressivement occupée par les Vietnamiens à partir du XVIIe siècle. Profitant encore d'un accord signé avant la Révolution française de 1789 avec un prétendant au trône d'Annam, Napoléon III envoya en Cochinchine un corps expéditionnaire officiellement chargé de protéger les missionnaires. En fait, l'armée française s'empara de Saigon (1859) et, malgré la résistance populaire, des six provinces de la Cochinchine, qui furent transformées purement et simplement en colonie après des péripéties politico-militaires.

Ainsi débuta la conquête du Viêt-nam. Elle se poursuivit quelques années plus tard au Tonkin, berceau et cœur de la nation vietnamienne.

En effet, les Français s'aperçurent, après l'exploration du Mékong, que ce fleuve de Cochinchine était impraticable et que Saigon ne pouvait donc devenir la base de départ du commerce français avec la Chine du Sud. Il fallait trouver un autre moyen de communication.

En 1872, un aventurier et homme d'affaires, Jean Dupuis, à la tête d'une flottille portant quelques centaines d'hommes et des armes, remonta le fleuve Rouge jusqu'à la Chine à partir de Haiphong, au Tonkin, sans aucune autorisation officielle. Il voulut recommencer le même voyage, mais, cette fois, son expédition fut bloquée à Hanoi.

La guerre franco-prussienne étant terminée en Europe, des troupes se trouvaient disponibles. Cela facilita une intervention de l'armée française au Tonkin, d'abord conduite par le lieutenant de vaisseau Francis Garnier, dont la première mesure fut de décréter la liberté de navigation sur le fleuve Rouge.

Les hostilités se terminèrent en 1874 par un traité permettant à la France d'installer des garnisons à Hanoi et à Haiphong et de circuler sur le fleuve. La faiblesse permanente de l'empereur d'Annam, dont les conseillers étaient très divisés, ainsi que l'agitation des communautés catholiques dans le delta du fleuve Rouge contribuèrent à cette victoire.

En 1882, en raison de divers incidents, des renforts français arrivèrent en grand nombre au Tonkin : Hanoi fut entièrement investie, la guerre recommença.

Tout en cherchant un accord avec la France, Huê demanda de l'aide à la Chine. Dix mille soldats chinois entrèrent au nord du Tonkin mais sans combattre. En revanche, ce sont les Pavillons-Noirs qui supportèrent la plus grande part de la guerre avec les Français. Les Pavillons-Noirs étaient des soldats chinois jadis révoltés contre les empereurs mandchous, maîtres du Céleste Empire (révolte des Taiping). Après quatorze ans de combats, vaincus, ils s'étaient réfugiés au Tonkin, où ils vivaient de pillages, bien qu'ayant fait serment d'allégeance à l'empereur d'Annam, contrairement aux autres groupes de soldats chinois : Pavillons-Blancs et Pavillons-Jaunes.

Les aventures de Khiêm et de ses compagnons saltimbanques se déroulent à ce moment, lorsque les Français décident la conquête de l'empire du Viêt-nam en entier. Celle-ci sera menée à bien malgré un court conflit avec la Chine.

Dès 1883, l'Annam et le Tonkin occupés vont devenir des protectorats français. Quelques années plus tard, ils formeront, avec la Cochinchine, le Laos et le Cambodge, l'Union indochinoise, ou Indochine française. Mais cela est une autre histoire…

Il serait injuste de terminer ces quelques notes historiques sans souligner le farouche esprit d'indépendance qui a toujours animé les Vietnamiens, depuis des siècles : luttes contre les Mongols, contre les occupations chinoise, puis française, contre l'intervention américaine… Au Viêt-nam, on célèbre encore aujourd'hui deux héroïnes nationales, les sœurs Trung, qui, de l'an 40 à 43 de notre ère, se soulevèrent contre la domination chinoise et qui, au terme du dernier combat, préférèrent se jeter dans le fleuve Rouge plutôt que de capituler devant l'envahisseur.

Ajoutons enfin qu'au Viêt-nam comme en Chine les sociétés secrètes ont toujours joué un rôle important dans la vie sociale et politique. C'est là une forme d'organisation traditionnelle.

Ce sont souvent les sociétés secrètes qui ont organisé la lutte contre les occupations étrangères. En Chine, la célèbre révolte des Boxers (ou Boxeurs) en 1898 contre la présence des Européens était le fait du Lotus blanc, filiale de la Société des Poings de Justice et de Concorde. Au Viêt-nam, au début de ce siècle, la société secrète la plus active contre les Français s'appelait : Terre et Ciel. Il y en avait de nombreuses autres.

Castor Poche

Des livres pour toutes les envies de lire,
envie de rire, de frissonner,
envie de partir loin
ou de se pelotonner dans un coin.

Des livres pour ceux qui dévorent.
Des livres pour ceux qui grignotent.
Des livres pour ceux qui croient ne pas aimer lire.
Des livres pour ouvrir l'appétit de lire et de grandir.

Castor Poche rassemble des textes du monde entier ; des récits qui parlent de vous mais aussi d'ailleurs, de pays lointains ou plus proches, de cultures différentes ; des romans, des récits, des témoignages, des documents écrits avec passion par des auteurs qui aiment la vie, qui défendent et respectent les différences. Des livres qui abordent les questions que vous vous posez.

Les auteurs, les illustrateurs, les traducteurs vous invitent à communiquer, à correspondre avec eux.

Castor Poche
Atelier du Père Castor
4, rue Casimir-Delavigne
75006 PARIS

CASTOR PLUS

POURQUOI CASTOR PLUS ?

Parce que les auteurs ont leur mot à dire sur ce qu'ils écrivent.

Parce que nous, éditeurs de littérature jeunesse, sommes soucieux d'enrichir nos ouvrages.

Parce que vous, lecteurs, êtes en droit d'attendre de nos livres toujours plus d'informations.

Avec Castor Plus, nous ne prétendons pas être exhaustifs sur un sujet, ni sur un genre, mais nous avons l'amibition de vous faire partager notre passion de la littérature sous toutes ses formes.

C'est pourquoi, avec Castor Plus, nous avons choisi de donner la parole à des écrivains, des spécialistes, pour qu'ils commentent un genre qu'ils apprécient, dont ils connaissent les spécificités et les chefs-d'œuvre, ceux d'hier, et ceux d'aujourd'hui.

Le roman pour la jeunesse

« Toute lecture digne de ce nom se doit d'être absorbante et voluptueuse. Nous devons dévorer le livre que nous lisons, être captivés par lui, arrachés à nous-mêmes, emportés dans un tourbillon d'images animées, comme brassées dans un kaléidoscope. » Ainsi parle Robert Louis Stevenson, l'auteur de *L'Île au trésor*, du plaisir d'une lecture romanesque. Avec lui, laissons-nous entraîner dans les délicieux chemins de la fiction : pur plaisir d'être ici et ailleurs, dans les grands bois du Wisconsin, sur les routes américaines avec les enfants Tillerman, survolant la Norvège avec Nils Holgersson ou pénétrant tout simplement dans l'univers d'un enfant de notre âge et de notre pays, si proche et pourtant autre.

Si le romancier « promène un miroir sur une grande route » selon la formule de Stendhal, il nous renvoie aussi un miroir de nos propres sentiments parfois si confus, de nos émotions contenues, il sait nous éclairer sur nos craintes et nos doutes, donner forme à l'informe de la vie. Il nous parle, comme naguère le faisaient les contes de manière plus symbolique, des difficiles relations familiales, de l'amour, de l'amitié, de la mort aussi et le roman se fait alors roman d'initiation.

Mais il peut aussi nous faire rire, nous communiquer cet humour si indispensable pour appréhender plus sereinement le monde et nos propres difficultés.

Promenons-nous « dans les bois du roman », comme le proposait Umberto Eco. Le champ des productions romanesques est aujourd'hui immense. Il n'en a pas toujours été ainsi.

Le premier « roman » écrit pour un enfant – royal, certes ! – fut *Les Aventures de Télémaque* de Fénelon, roman didactique publié en 1699, inspiré des voyages d'Ulysse, destiné à enseigner morale et mythologie mais déjà roman d'aventure et d'initiation. Le XVIIIe siècle vit fleurir à côté de toute une littérature pédagogique et morale, l'adaptation de grands romans philosophiques destinés aux adultes : *Les Voyages de Gulliver*, de Jonathan Swift ou le *Robinson Crusoé* de Daniel Defoe (objet de multiples adaptations, au cours des siècles suivants).

Mais c'est le XIXe qui vit vraiment naître une littérature romanesque destinée à la jeunesse. Dès 1830 Charles Desnoyers invente dans *Les Mésaventures de Jean-Paul Choppart*, le premier garnement révolté et fugueur. À partir de 1850, dans la Bibliothèque rose, paraissent les romans de la Comtesse de Ségur, évocation d'un monde clos de l'enfance, cependant que se déploie en Angleterre la fantaisie de l'imaginaire avec *Alice au pays des merveilles* de Lewis Carroll, et l'éternel enfant de James Barrie qu'est *Peter Pan*. La fin du siècle voit le succès du roman de l'errance et de l'orphelin avec *Sans famille* d'Hector Malot ainsi que les grandes aventures utopiques de Jules Vernes.

Si le XIXe siècle peut être considéré comme l'âge d'or de la littérature enfantine, dont on publie régulièrement les classiques, certains ouvrages, certains auteurs jalonnent la création romanesque française du XXe siècle destinée aux enfants, et trouvent toujours leurs lecteurs. C'est bien sûr la fable morale du *Petit Prince* de Saint-Exupéry, publié à New York en 1943, l'humour et la satire des *Contes* de Marcel Aymé ou de Gripari, les gags irrésistibles, et le langage enfantin du *Petit Nicolas* de Sempé et Goscinny en 1960. C'est aussi le roman de la vie quotidienne qu'est *La Maison des petits bonheurs* de Colette Vivier (en 1939) ou encore les premières incursions dans un véritable roman policier (loin des séries stéréotypées) avec *Le Cheval sans tête* de Paul Berna (en 1955).

En 1970, la Bibliothèque internationale ouvre le champ des littératures étrangères, offrant ainsi aux lecteurs une initiation à la diversité des cultures et des imaginaires. Depuis sa création en 1980, Castor Poche-Flammarion a largement contribué à cette découverte d'auteurs et de cultures du monde entier en publiant, outre de grands succès de la littérature anglaise et américaine (le merveilleux *Jardin secret* de Frances Hodgson Burnett, *Jonathan Livingston le goéland* de Richard Bach, les romans de James Houston, Betsy Byars, Marilyn Sachs ou Cynthia Voigt), des auteurs allemands comme Hans Baumann, polonais comme Wanda Chotomska *(L'arbre à voile)* ou espagnols comme Carmen Martin Gaite *(Le petit chaperon rouge à Manhattan)*...

Les frontières se sont estompées entre littérature générale et littérature de jeunesse ; des auteurs reconnus s'inscrivent dans les deux registres : Michel Tournier, Daniel Pennac, J.M.G Le Clézio, pour n'en citer que quelques-uns. Seule la poétique diffère, écrit Pennac, la thématique peut être la même.

Depuis les années quatre-vingt, la création romanesque aborde en effet des genres et des thèmes jusqu'alors «réservés». Si l'humour et l'aventure sont toujours de mise, le roman historique évoque les conflits et les drames de notre temps ; romans policiers et romans noirs adoptent les recettes et les ressorts de la littérature adulte ; les intrigues des romans psychologiques s'inscrivent sur fond de secrets de famille et bousculent à l'occasion les tabous.

Sans doute le monde contemporain, ses angoisses et ses culpabilités se sont-ils introduits dans la fiction romanesque adressée à la jeunesse mais la qualité spécifique de ces textes réside toujours dans un certain mode d'écriture, une voix qui sait raconter, émouvoir sans troubler ni désespérer, et nous initier à la merveilleuse aventure de la lecture. Écoutons encore Stevenson : « Les mots, si le livre nous parle, doivent continuer à résonner à nos oreilles comme le tumulte des vagues sur le récif, et l'histoire repasser sous nos yeux en milliers d'images colorés. »

Flaubert (qui n'écrivait pas du tout pour les enfants) prêtait une couleur à chacun de ses romans. N'y aurait-il pas une couleur propre aux romans écrits pour la jeunesse ? À nous de la découvrir, de la savourer.

Claude Hubert-Ganiayre

Castor Poche, des livres pour toutes les envies de lire: pour ceux qui aiment les histoires d'hier et d'aujourd'hui, ici, mais aussi dans d'autres pays, voici une sélection de romans.

717 **Nabab le héros** **Junior**

par Adèle Geras

Nabab est un chat que rien n'arrête. Or voici que la jungle d'à-côté redevient jardin civilisé. Et la nouvelle voisine ne veut pas de chat sur ses terres ! Nabab reculera-t-il devant un balai ?

716 **Popeline a disparu** **Junior**

par Adèle Geras

Popeline a été abandonnée toute jeune et a tant besoin d'être aimée ! Le jour où « sa » famille s'agrandit d'un nouveau-né, elle fait de son mieux pour l'accueilir à sa façon. Mais ses initiatives sont comprises tout de travers ! Popeline décide de fuguer…

715 **Signé : Fouji** **Junior**

par Adèle Geras

Fouji est le doyen des chats du square Édouard. Il ferait n'importe quoi pour « sa petite humaine » – sauf poser pour un portrait, sans bouger pendant un temps fou ! Pour échapper à la corvée, Fouji est prêt à tout… les résultats seront surprenants !

714 **La revanche de Mimosa** **Junior**

par Adèle Geras

Toute ronde et d'un âge respectable, Mimosa est une chatte heureuse… jusqu'au jour où « sa » famille reçoit pour les vacances une petite humaine, une véritable peste de six ans. La vie de Mimosa devient un enfer ! Il faut chasser la visiteuse !

713 **Jaguars** — Senior

par Roland Smith

À peine de retour du Kenya, le père de Jake se lance dans un nouveau projet. Cette fois, il s'agit de créer une réserve de jaguars en Amazonie. Jake rejoint l'expédition pour les vacances. Mais la semaine a tôt fait de se transformer en une véritable épopée, et Jake en pilote virtuose d'U.L.M !

712 **L'élan bleu** — Junior

par Daniel Pinkwater

Monsieur Breton se sent bien seul, dans son restaurant du bout du monde… Mais lorsqu'il rencontre l'élan bleu, tout va mieux! Les clients se bousculent, sa soupe aux chipirons fait un carton, et, surtout, il a de vrais amis. Jusqu'au jour où l'élan bleu décide d'écrire un livre.

711 **La Bande Sans Nom** — Senior

par Guido Petter

Été 1944. Dans un petit village italien, des gamins rêvent d'aventures et de combats, et créent la Bande Sans Nom. Ils engagent bientôt les hostilités avec les Têtes de fer, tandis qu'au loin résonnent les coups de feu d'une autre guerre, bien réelle. Dans les montagnes, les partisans défendent la zone libre contre les milices fascistes. Pour la Bande Sans Nom, c'est le moment où jamais de faire preuve de courage…

710 **L'assassin du Nil** — Senior

par Alain Surget

Depuis qu'il a accompli trois exploits mémorables avec sa jeune amie Thouyi, Menî a été reconnu digne de succéder à son père sur le trône d'Égypte. Mais le jour de la cérémonie, un ambassadeur est assassiné dans le palais. Pour éviter la guerre avec le royaume de Basse-Égypte, Menî doit se rendre jusqu'à Bouto, par le Nil…

709 Cette nuit, on embarque **Senior**

par Frances Temple

À Belle Fleuve, en Haïti, les tontons macoutes règnent dans la terreur. Paulie fait partie des quelques habitants qui résistent, tenaillés par la peur et la faim. Face à l'injustice et à la violence, il ne reste plus que la fuite.

707 C'est ici, mon pays ! **Senior**

par Cécile Gagnon

Au Québec, au milieu du XIXe siècle, de nombreux pionniers s'en vont tenter l'aventure dans des régions inconnues. Georgina n'est qu'une enfant quand elle part avec sa famille pour le lac Saint-Jean. Une vie nouvelle l'y attend, dans une nature souvent hostile, auprès du peuple indien, sauvage et fascinant….

706 Joyeux anniversaire **Junior**

par Jacques Poustis

Pour l'anniversaire de Oualid, Pattenbois a préparé une tirelire. Mais sur l'Île merveilleuse, l'argent n'existe pas. Jusqu'au jour où les élèves de Pattenbois découvrent un incroyable trésor, et inventent une nouvelle monnaie… le macao !

705 Le fils du garçon boucher **Senior**

par Jacques Delval

Juste avant la mort de son père – le boucher du bourg – Gérard apprend qu'il est un enfant bâtard. Le jour de l'enterrement, il s'enfuit. Malgré son jeune âge, et la guerre, Gérard rejoint l'Afrique de ses livres, le pays de ses rêves.

704 **Une grenade dans le crâne** **Senior**

par Stéphane Marchand

Être traité comme un militaire, à quatorze ans, c'est le sort du "soldat Lucas". Ancien combattant du Viêt-nam, son père a conservé de la guerre un terrible autoritarisme, qu'on dit dû à des éclats de grenade, fichés dans son crâne. Orphelin de mère, Lucas saura-t-il un jour ce qu'est un père aimant ?

700 **Burton et Stanley** **Junior**

par Frank O'Rourke

Deux marabouts d'Afrique perchés sur le toît d'une gare d'Amérique, ça n'existe pas ! Deux marabouts parlant le morse avec le chef de la station, ça n'existe pas ! Mais quand les deux marabouts s'appellent Burton et Stanley et que tout se passe à Cherrygrove, U.S.A., pourquoi pas ?!!

699 **En haut, la liberté** **Senior**

par Daniel Vaxelaire

Petit-Jacques vit au Domaine, soumis aux rudes lois de Sansquartier, le contremaître. Comprenant que son frère et sa fiancée vont s'enfuir, il décide de les suivre. Tous trois deviennent des Noirs « marrons », comme on appelle à La Réunion les esclaves fugitifs. Mais une fois dans la forêt, comment survivre et gagner la liberté ?

693 **Chipies !** **Senior**

par Cynthia Voigt

L'une joue au foot, l'autre pas. L'une est brouillon, l'autre méticuleuse. L'une est agressive, l'autre douce... à première vue, du moins ! Un jour de rentrée, l'ordre alphabétique les rapproche. Font-elles la paire ? Et, si oui, quelle paire ? Une chose est sûre : avec ces deux-là, la salle de classe tourne au champ de mines !

692 Une jument dans la tempête **Junior**

par Irene Morck

Ambrose est certain d'avoir fait une erreur. Pourquoi a-t-il acheté Mondaine, une vieille jument de vingt-cinq ans ? Pour ses randonnées en montagne, il a besoin d'une bête forte et résistante ! Heureusement, Mondaine est courageuse, et saura prouver à son maître qu'il est bon de faire confiance à son cœur...

691 La promesse **Senior**

par Yaël Hassan

« Je m'appelle Sarah Weiss. L'histoire que je vais vous conter, je la porte en moi depuis fort longtemps. » Une petite fille juive raconte les tourments de la guerre et de l'occupation. Pour Sarah, l'espoir réside dans cette promesse insensée donnée jadis à son grand-père : celle de trouver un jour une terre d'accueil, un pays, un chez-soi...

690 Lettres secrètes **Senior**

par Marie-Hélène Delval

« Cher Nicolas... » Ces deux mots font vivre Mathilde, la font sourire et pleurer, rêver et desespérer. Tous les jours, elle écrit à l'élu de son cœur, mais ne lui envoie pas ses lettres. Cette correspondance secrète, douloureuse parfois, est surtout un premier pas dans l'amour...

689 Babe Le cochon dans la ville **Junior**

par Justine Korman et Ron Fontes

Sauver la ferme ! Telle est la mission de Babe après le grave accident de son fermier, M. Hoggett. Pour payer les banquiers, une seule solution : Babe doit gagner le concours de la foire agricole. Mais qu'il est difficile de se repérer dans une grande ville ! Heureusement, Babe n'est pas un cochon ordinaire...

686 **Piège dans les rocheuses** **Senior**

par Xavier-Laurent Petit

Gustin n'a pas vu son père depuis qu'il a… quatre mois ! Cet été, il va le retrouver, au cœur du Wyoming, dans le campement indien où Renard Rouge vit désormais. Mais la sérénité de cette existence sauvage cache une inquiétude, une menace… La présence de Gustin suffira-t-elle à déjouer les plans de Willcox ?

685 **Café au lait et pain aux raisins** **Junior**

par Carolin Philipps

Ce soir-là, seul dans l'appartement, Sammy se prépare pour aller au feu d'artifice. Soudain, une bombe incendiaire est jetée par la fenêtre. Que signifie cette violence ? Et pourquoi Boris, son voisin et camarade de classe, assiste-t-il à la scène sans rien faire ? Avec douleur, Sammy découvre qu'il est victime du racisme…

683 **Marine** **Junior**

par Chantal Crétois

Marine est une « enfant de la DDASS ». Elle apprend un jour que ses parents de naissance n'ont plus de droits sur elle, qu'elle peut être adoptée. Mais qu'il est difficile de se laisser aimer lorsqu'on a douze ans et que tout est cassé dans sa tête et dans son cœur !

682 **Les lumières de Diwali** **Junior**

par Rumer Godden

Demain, c'est Diwali, la nuit magique où l'Inde entière s'illumine, le soir où partout dansent les petites flammes de la fête. Mais cette année, la maison de Prem restera plongée dans l'obscurité : Mamoni a vendu les lampes ! À moins que… car Prem n'est pas d'un naturel résigné !

681 L'œil d'Horus **Senior**

par Alain Surget

Le destin de Menî est tout tracé : il doit succéder à son père, le pharaon Antaref. Mais pour l'heure, il sait à peine tirer à l'arc et ne s'intéresse qu'à ses animaux familiers. Antaref lui ordonne alors d'accomplir trois exploits pour prouver qu'il peut être roi.

678 La papaothèque **Junior**

par Dennis Whelehan

Décidément, le papa de Joseph laisse beaucoup à désirer : toujours pressé, la tête ailleurs, il oublie de faire les courses et n'est d'aucun secours pour les devoirs. Ah, si seulement on pouvait changer de papa comme on change de livre à la bibliothèque ! ... Et s'il existait bien quelque part, une papaothèque ?

677 La caverne des éléphants **Senior**

par Roland Smith

Jacob, un jeune Américain de quatorze ans, vient de perdre sa mère. Sans nouvelles de son père depuis longtemps, il décide pourtant de la rejoindre, au cœur de la brousse, au Kenya. Dans cet univers farouche, il découvre l'âme de l'Afrique... et son propre destin.

676 Les cornes du diable **Junior**

par Gary Paulsen

Cette année, la cousine de Bobbie vient l'aider à rassembler les vaches égarées. La chasse s'annonce mouvementée, d'autant que le taureau Diablo fait des siennes et que les frères Bledsoe veillent...

674 Danger sur la rivière **Junior**

par Gary Paulsen

À contrecœur, Daniel se rend en minibus au camp de vacances du nid d'Aigle. En plus, il retrouve ses camarades de classe qui lui mènent la vie dure. Mais tout change lorsque le minibus plonge dans la rivière...

673 Le tueur de Gorgone **Junior**

par Gary Paulsen

Warren Trumbull est un drôle de garçon. Avec son groin et ses oreilles pointues, il ressemble à un cochon. Un jour, l'agence de secours Prince charmant lui confie une terrible mission : exterminer une cruelle créature douée du pouvoir de transformer les humains en pierre...

672 La légende de la caverne **Junior**

par Gary Paulsen

À la recherche d'une statue indienne, Will et Sarah explorent la grotte de la Montagne Hantée. Mais deux dangereux malfaiteurs veillent, bien décidés à se débarrasser de témoins aussi gênants...

671 La vallée du tonnerre **Junior**

par Gary Paulsen

Pendant les vacances, Jeremy et Jason aident leurs grands-parents à tenir le chalet familial. Bientôt, une succession d'événements étranges vient perturber la tranquilité des lieux.Les deux frères vont devoir se débrouiller seuls pour déjouer uncomplot diabolique...

667 L'ogre du sommeil **Junior**

par Hubert Ben Kemoun

Depuis qu'une dentiste lui a arraché presque toutes ses dents, Balzébill ne fait plus peur aux enfants. C'est du moins ce que tout le monde croit, jusqu'au jour où il se découvre un appétit et un don fort inattendus... Citoyens de Babès, prenez garde à l'ogre Balzébill, l'avaleur de songes, le glouton des rêves.

658 Dans les trous, on trouve tout **Junior**

par Paul Thiès

Désiré est orphelin et personne ne veut de lui. Un jour pourtant, un personnage étrange lui confie une mission : prendre le sac magique et vendre des trous ! Désiré n'est pas au bout de ses surprises...

657 Chasseur de stars **Senior**

par Klaus Hagerup

A treize ans, Werner, petit, timide, surnommé «Ver de terre», a peur des autres, du noir, de l'altitude et surtout des filles. Jusqu'au jour où Stella, star adulée d'un feuilleton américain, désire le rencontrer...

656 La société secrète **Senior**

par Henning Mankell

Joël a onze ans. Très solitaire, il vit avec son père. Il veut découvrir son passé et celui de sa mère, absente. Pour y parvenir , il crée une société secrète qui lui permet de sortir la nuit et d'explorer les territoires inconnus du souvenir.

654 Le merveilleux voyage deNils Holgersson à travers la Suède — Junior

par Selma Lagerlöf

Pour s'être moqué d'un lutin, Nils va être ensorcelé et devenir à son tour tout petit. Il accomplira un voyage extraordinaire à travers son pays, jusqu'en Laponie, sur Akka, un jars qui l'emporte dans les airs.

651 Le silence des ruches — Senior

par Michel Le Bourhis

Lorsque Julien apprend la mort de son grand-père, il est triste. Bien sûr. Pourtant, dans ce deuil à cœur ouvert, l'espoir est là. L'espoir, ce sont les souvenirs et les secrets partagés...

650 Les rois de la combine — Senior

par Sheila Och

Karel et Jarda ont un problème : ils sont pauvres. Comment le résoudre ? Très simple, pensent-ils, il faut gagner de l'argent : vente de tickets de tram, de vers de terre... Rien ne les arrête !

648 Victoire sur la peur — Senior

parPhyllis Reynolds Naylor

La dernière fois que Doug a grimpé sur une corniche, il a eu la peur de sa vie. Depuis, il s'est juré de ne jamais recommencer. Pourtant, lorsque son frère disparaît dans la montagne, son courage n'a plus de limite.

644 68, boulevard Saint-Michel **Senior**

par D. Martignol-A. Grousset

La révolte gronde dans les rues de Paris en ce mois de mai 1968. Martial habite au 68, boulevard Saint-Michel. Un soir, avec Chantal, une élève infirmière, il soigne un étudiant matraqué, qui disparaît juste après. Ils se lancent à sa recherche au milieu des barricades.

641 Aliénor d'Aquitaine **Senior**

par Brigitte Coppin

Aliénor d'Aquitaine a dominé l'histoire du XIIe siècle. Reine de France, puis d'Angleterre, elle a connu le pouvoir, la gloire et la prison, sans jamais renoncer à ses rêves et ses ambitions.

637 Moi Angelica, esclave **Senior**

par Scott O'Dell

Angelica est capturée en Afrique et vendue comme esclave dans une plantation aux Antilles. Que de souffrances et d'humiliations pour une jeune fille, que de rage aussi, et bientôt la rumeur court à travers toute l'île... Les esclaves se révoltent...

635 Sauvez Willy 3 **Junior**

par Todd Strasser

Jesse est presque un homme désormais. Il n'a rien perdu de sa passion pour les orques, et il travaille pour leur protection. Il retrouve Willy tous les ans. Mais leur route va croiser des pêcheurs prêts à tout pour capturer des orques.

633 Le petit chaperon rouge à Manhattan **Senior**

par Carmen Martin Gaite

L'histoire du petit chaperon rouge, vous la connaissez ? Oui, mais les temps changent ! Sara vit à Brooklyn, la galette est une tarte aux fraises, la grand-mère une chanteuse de music-hall, et le loup un pâtissier multimillionnaire...

632 Les moissonneurs de gloire **Senior**

par Thalie de Molènes

Pierre-Marie s'engage au combat dans l'armée du consul Bonaparte; Louis-François de Ponchapt, se lance dans de sombres machinations... L'affrontement entre les deux hommes va-t-il faire éclater la famille Tibeyrant ?

630 Libraire de nuit **Junior**

par Jacqueline Mirande

En ce début d'automne, sur les berges de la Seine, les ntempéries rendent le métier de libraire ambulant difficile. Belle Humeur a l'intention de terminer sa carrière sur un gros coup : la vente prohibée d'exemplaires de l'encyclopédie. Exerçant déjà la profession sans autorisation, le petit libraire double les risques d'être arrêté par la police...

629 Piscine de nuit **Junior**

par Betsy Byars

Cet été, Retta a décidé de faire quelque chose de nouveau. Pourquoi ne pas profiter de la piscine du voisin ? En pleine nuit, elle entraîne ses deux frères pour une baignade clandestine qui promet d'être excitante...

628 Le secret du feu **Senior**
par Henning Mankell
Chaque flamme détient son secret et, en observant le feu, on peut y voir son avenir... Sofia, dont le destin a été bouleversé par la guerre qui ravage son pays, tente de redonner un sens à sa vie. Elle puise dans les flammes qui dansent un message d'espoir...

627 Des bateaux plein la tête **Junior**
par Alice Mead
Reeve a bientôt dix ans et, dans sa cité new-yorkaise, il est parfois bien tentant d'intégrer les gangs ou de tomber dans le piège des dealers. Mais le garçon a un rêve : devenir capitaine de bateau...

620 Dangers sur le fleuve rouge **Junior**
par Bertrand Solet
Khiêm et son père Pham sont enrôlés de force au Tonkin où les combats entre français et chinois font rage. Ils parviennent à s'échapper mais Pham disparaît. Aidé de ses amis saltimbanques, il part à sa recherche. Khiêm retrouvera-t-il son père ?

619 Sous le drapeau noir **Senior**
par Erik Christian Haugaard
Alors qu'il est en vogue vers l'Angleterre, William est kidnappé par l'infâme Barbe-Noire. Le pirate se prend d'affection pour le garçon et l'initie au combat, à l'abordage… Mais William ne pense qu'à s'évader.

616 Le gardien du chateau **Senior**
par Nadine Brun-Cosme
Trois nouvelles qui évoquent l'attente de l'autre, l'émoi de la rencontre, la douleur de l'absence, mais aussi la joie de la rencontre. Laissons les mots saisir les sensations fugaces du temps qui passe.

615 **Le dresseur d'ours** **Senior**

par Harriet Graham

Avant d'être apprenti-tanneur, Guillaume a connu la douceur d'une famille heureuse. C'était avant la mort de son père, le remariage de sa mère... il y a si longtemps. Mais Guillaume a le don de dresser les ours...Il part pour un long voyage avec une troupe de saltimbanques.

614 **La vengeance d'Emily Upham** **Junior**

par Avi

Le père d'Emily est ruiné et mêlé à une histoire de hold-up ! C'est beaucoup d'émotions pour la jeune et précieuse Emily. Seth Marple, un jeune va-nu-pieds, propose de l'aider. Mais quelle aide ! Entre Seth l'intrépide et la précieuse Emily la rencontre est explosive.

604 **L'arbre à palabres** **Junior**

par Régine Detambel

Sur l'arbre le plus haut, le plus vieux, le plus gros de l'épaisse forêt d'Amérique, cinq drôles d'oiseaux jacassent. Ils se racontent les histoires de Serge, le merle vert, de Dimitri l'ibis gris, de Tom Condor...

603 **Le puits** **Senior**

par Mildred D. Taylor

La sécheresse est terrible, elle a tari tous les puits de la région, sauf celui des Logan, famille de fermiers noirs aisée. Ils partagent de grand cœur cette eau précieuse. Mais en 1910, dans le Sud américain, les rancœurs contre les Noirs persistent...

602 L'album photo des Fantora **Junior**
par Adèle Geras
Ozzy, le chat des Fantora, conte les derniers épisodes de la chronique familiale. Les préparatifs en vue du mariage de la tante Varvara donnent lieu à une agitation savoureuse dans la maison.

601 Prisonniers des Vikings – Tome 4 **Senior**
par Torill T. Hauger
La Corbille a toujours été considérée comme une sorcière à la ferme du jarl. Crainte et haïe, elle a des dons de guérisseuse, précieux au retour des raids. Pourtant, sous cette apparence farouche, la jeune fille cache un cœur sensible et généreux, qui saura le découvrir ?

600 Le jour de la photo **Junior**
Par Corinne Fleurot
La Grande Catoche règne sur l'école. Elle domine la cour de récréation. Hélène vit dans l'ombre de son aînée ; pourtant, le jour où la Catoche subira une grande humiliation publique c'est auprès d'Hélène qu'elle trouvera la force de faire face…

599 Match nul **Junior**
par Avi
Comment peut-on détester le football ? C'est une idée saugrenue que partage pourtant une classe entière, et alors ? Alors, dans ce collège, le football est obligatoire. L'entraîneur n'est pas un fou de foot, lui non plus… Spectacle garanti pour le public.

590 Le champ de personne **Senior**

par Daniel Picouly

Le Mohican, onzième d'une famille de treize enfants, vit dans un petit pavillon de banlieue. Sa famille, grande tribu généreuse, est solidaire et la vie n'est jamais monotone pour le Mohican, entre le football (sa grande passion) et les dictées (sa terreur), entre rêves et rires.

585 Les vacances du chiot-garou **Junior**

par Jacqueline Wilson

Des vacances au bord de la mer avec ses parents, ses sœurs et son fidèle Loupiot ? Micky est fou de joie ! Oui, mais l'hôtel n'accepte pas les chiens... et il n'est pas question que Micky parte sans son chiot chiot-garou !

583 Bouffon du roi, roi des bouffons **Junior**

par Hubert Ben Kemoun

Blaise, premier bouffon du roi, rêve d'épouser la princesse Léa. Mais le roi s'y oppose et, choqué, en tombe malade. Bravant la loi interdisant de quitter le pays, Blaise part à la recherche d'un médecin pour le roi, espérant ainsi gagner ses faveurs. En s'éloignant du royaume, oublié du temps, Blaise découvre le monde moderne…

574 Le chiot-garou **Junior**

par Jacqueline Wilson

La vie est dure pour Micky ! Entouré de quatre sœurs toniques, il fait figure de pleurnichard. Sa peur irraisonnée des chiens provoque l'hilarité de son entourage. Et voilà Loupiot ! Ce chien est très spécial…

573 Drôle de nom pour un chien **Junior**

par Jean-Loup Craipeau

Adopté par deux octogénaires à la santé extraordinaire, le chiot Pète-un-Coup mène une existence choyée. Mais un jour, il absorbe des essences que ses maîtres utilisent pour la préparation d'un parfum « Odeur de Sainteté »…

567 Juju Pirate **Junior**

par Évelyne Reberg

Juju Pirate est un pirate du genre rêveur, il n'aime pas se battre. Lorsqu'il découvre la carte de l'île au Crabe, il est frappé par la fièvre de l'or. Armé d'une dent de requin, d'un tonneau de rom-rom et des conseils de Grand-grand-maman pirate, Juju prend la mer sur un radeau, pour affronter les terribles monstres qui convoitent eux aussi le trésor…

559 Liak et la déesse de la mer **Junior**

par Yvette Edmonds

Liak vit avec ses grands-parents dans un village inuit. Un jour alors qu'elle chasse avec grand-père, elle recueille un bébé phoque. Ce phoque est albinos, c'est animal sacré qui appartient à la déesse de la Mer. Et Liak, malgré son jeune âge, risque le banissement de la tribu si elle le garde.

557 Défense de pleuvoir le samedi **Junior**

par Maite Carranza

Le royaume d'Ermelina est menacé par une sorcière. En 2005, une navette spatiale pas comme les autres part en mission. Se raconter des histoires farfelues au téléphone, c'est la meilleure façon de tromper l'ennui d'un samedi pluvieux…

556 En route pour Wembley **Senior**

par Kim Chapin

Marty n'est pas premier de la classe, non, et d'ailleurs cela ne l'intéresse guère. Il préfère vivre très près la carrière des Bombers, son équipe de football favorite. Malgré ses débuts de saison difficile les Bombers se retrouvent en fin du championnat de la Coupe de la F. A. Marty sera leur mascotte...

549 Le combat du berger **Senior**

par Bertrand Solet

En Italie, au ve siècle avant J. – C., Sybaris et Crotone sont deux villes rivales. Titorme, berger doté d'une force phénoménale, tue lors d'une bagarre le frère de sa fiancée, Lydia. Il fait alors le serment de ne plus jamais se battre. Lorsque la guerre éclate entre es deux villes, Titorme affronte un cruel dilemme : sera-t-il fidèle à son serment ?

548 Les aventures de Pinocchio **Junior**

par Collodi

Geppetto, lorsqu'il décida de fabriquer un pantin de bois, ne savait sûrement pas dans quelle aventure il se lançait ! C'est que Pinocchio n'est pas un pantin ordinaire. Plein de vie, il a une notion de la vérité qui lui est propre ! Naïf, il suit le premier venu, oubliant tout le reste. Heureusement que la Fée veille... Pinocchio reste un des classiques les plus savoureux de la littérature destinée à la jeunesse.

544 Prince de la Prairie **Junior**

par Celia Barker Lottridge

Sam arrive avec toute sa famille dans la Prairie canadienne pour y construire une ferme. Les enfants reçoivent un cheval, Prince, pour les mener à l'école qui est très loin. L'hiver arrive et le fourrage va manquer pour le bétail. Il faut lâcher Prince dans la nature ; pour Sam, c'est le déchirement...

Cet
ouvrage,
le six cent vingtième
de la collection
CASTOR POCHE,
a été achevé d'imprimer
sur les presses de l'imprimerie
Maury Eurolivres
Manchecourt - France
en septembre 1999

Dépôt légal : octobre 1999.
N° d'édition : 4641. Imprimé en France.
ISBN : 2-08-164641-2
ISSN : 0763-4544
Loi n° 49-956 du 16 juillet 1949
sur les publications destinées à la jeunesse